JN212433

早まるな、光秀よ！

智将だけが知る
知将の「凄みと弱み」

野村克也、明智光秀を語る

野村克也

プレジデント社

まえがき

私の人生は嫉妬だらけの人生だった。

私が三歳のときに、父親は日中戦争で戦死した。それで、母親が女手一つで兄と私を育ててくれた。貧乏家族だった。小学校の頃だが、父親のいない子どもだったので、学校に行ってもずっと劣等感を持っていた。性格なのか、育ちなのか、ずっと劣等感を持って生きてきた。

小学校の頃、私の学級担任の先生は、とても綺麗な若い女の先生だった。男子は皆、召集され戦争へ行っているので、学校の先生も皆、女の先生ばかりだった。担任の先生に、私は随分と可愛がられた。小学校四年生の頃の思い出である。この頃、新聞配達のアルバイトをしていた私は、学校の始業時間ぎりぎりに学校に着いていた。アルバイト料はもちろん自分の懐に入れず、お金の工面で苦労していた母親に渡した。

だからだろうね、担任の先生はとても優しくしてくれた。あまりに可愛がるので、ほかの男子生徒から焼きもちを焼かれよくいじめられた。毎朝、正門前で四、五人の不良グループが私を待っていた。

私を見つけると、私の鞄を投げたり、教科書をひっくり返したりといじめられていた。この不良グループのリーダーは同級生だったが、四歳年上だった。

ある日、体操の時間に、担任の先生はみんなを浜辺に連れて行って、いきなり突然、大相撲大会となった。当然、四つ年上だった子は勝ち残る。私も勝ち残った。いよいよ決勝戦となった。

決勝戦、勝敗のゆくえだが、残念ながら私は敗れた。体力差が如何ともしがたかった。私が残念がっていると、担任の先生はいじめっ子リーダーに向かって、「じゃ、今度、私とやろう」と。私たちがヤイノヤイノとはしゃぎまわっている中で、担任の先生はその優勝した子を投げ飛ばしたのである。

見ていて痛快なほどに投げ飛ばした。みんな大笑い。投げ飛ばされた子はそれでおとなしくなり、私へのいじめもなくなった。私の担任の綺麗な女の先生は、私にとって自慢の思い出になった。

私はこうした思い出たちに育てられ、鍛えられて生きてきた。私の人生は弱者の人生なのである。私は数多くの著書を出版してもらったが、その中でわりと好きな著書に、『弱者の流儀』（ポプラ社）がある。

この著書の冒頭に「本書で伝えたいこと」という「まえがき」のような一文がある。その書き出しは、「人は皆、弱者である」から始まっている。この表現もまた私は気に入っている。

私は自慢ではないが、《野村克也－野球＝〇《ゼロ》》の人間である。その私が本書では、明智光秀について語ることになった。プレジデント社で歴史に詳しい方から明智光秀の話を伺い、その話の感想を書籍にしたのである。

そこで得た私なりの結論は、

「人は皆、明智光秀である」

ということだ。

彼もまた弱者の流儀でのし上がった人間なのである。光秀の心は、気持ちのパノラマのようである。挫折、苦悶、光明、苦渋、貧困、抜擢、期待、羨望、絶頂、苦悩が横たわり、そして最後には謀反、敗北という形で己の生命を終えた。

その意味では、信長、秀吉、家康らの勝者たちよりもドラマチックで生々しく生きた。敗者は、私たちにとって人生の教科書である。私は、勝者になれなかったこの一人の男から多くのことを学べるような気がしている。

「人は皆、明智光秀である」――この言葉を頭の片すみに置きながら、ぜひ本書を読んでいただきたい。

二〇一九年十一月晩秋

野村克也

第1章

「その他」から始まった人生
私には、光秀の心がよく見える

第2章

マルチな才能が開花、ダブル主君

猛烈な仕事ぶりに転職組の憂いが

第3章

絶頂の四十代、疑心暗鬼の五十代

勝者と敗者を分かつもの

第4章

「敵は我にあり」 敵は本能寺ではなかった！

写真　村上庄吾

第1章

「その他」から始まった人生

私には、光秀の心がよく見える

戦国の歴史も、勝負の世界も人間ドラマ

「まえがき」でも触れたが、私は歴史研究者でも、歴史愛好家でもない。歴史に特に詳しいわけでもない。

私は貧しい家庭に生まれ、〝母一人子二人〟で日々精一杯生きぬいてきた野球人に過ぎない。

そんな私に、「明智光秀のことを語ってほしい」という依頼をしてきたプレジデント社の書籍編集部長・桂木栄一さんに、私は心底驚き、そして呆れた。

しかし、この桂木さんという部長は、なぜ私に光秀を語ってほしいのかを真面目に話し出したのである。

「戦国時代は明日をも知れぬ戦いの日々でした。切った張ったの連続で、戦いに明け暮れた時代でした。その時代に、後に天下人になる豊臣秀吉とはまた別な意味で時代の風雲児であり、麒麟だった明智光秀の心情を野村さんに語ってほしい

と思いました」と話すのだった。

私は、「光秀なんて名前しか知らない。ホント、知らないんだ」と答えると、「知らなくてけっこうです。知っている人間に明智光秀の話をさせますから、その話を聞きながら、その時々における光秀の心情を野村さんに語ってほしいのです。現代で、光秀のことを一番的確に語れるのは野村さんをおいてほかにないと思っています。戦国時代とは同じではありませんが、野球という勝負の世界を生きぬき、輝かしい記録を残し、監督としても〝野村再生工場〟という言葉が生まれるほど監督道を究めた野村さんだからこそ、光秀の心情に迫れると思うのです」と一気に語ったのだ。

冷静によく考えると不可思議な理屈だが、熱く語る書籍編集部長の弁に、私は乗せられてしまったのである。

確かに、勝負の世界は、勝者となる人間にしろ、敗者となる人間にしろ、その一瞬に全エネルギーを注ぎ込み、結果を競う世界である。その瞬間における無意識の心の働きは、経験したことはないが戦国時代の戦いに似たものかもしれないと思い始めたのである。

日々、「試合」という勝負の連続の中で、チームの成績、個人の成績を競う厳しさは、戦国時代の武士たちの気概に通じるものがあるのかもしれない。

勝負の世界も、歴史も、人間の極限から生まれる世界ならば、そこにはドラマがあるはずだ。私はそのドラマに潜む人間の息遣いを感じたいと思った。

俺のボヤキ①

俺に明智光秀を語れなんて、俺にマラソンを走れと言うのと同じだ。まったく！

「ひもじさ」こそ、光秀と私を結びつける

明智光秀が織田信長に出会うのは、永禄十一（一五六八）年、光秀四十一歳のときである。その前年、信長が美濃（現在の岐阜県）の稲葉山城の斎藤龍興を逐《お》って、美濃と尾張を併合した直後だった。

多くの歴史書などを見ても、信長と出会う前の光秀の人生は決して恵まれたものではなかった。光秀の故郷は現在の岐阜県可児市あたりと言われている。現在でも田園風景が広がる地域だ。

世が戦国時代になる前の室町幕府の時代には、美濃一帯は守護大名である土岐氏が治めていた。土岐氏とは足利将軍家と同じ清和源氏の流れをくむ一族で、将軍家とも親交のある名門一族だった。

可児市の高台にあった城は明智城と呼ばれている。現在、その城跡にも、「明智城址」という記念碑が残されている。明智城の城主であった明智氏は、この名門土岐氏の一族の流れをくむ者で、光秀はこの城で生まれたと言われている。

しかし、この明智城は美濃国主・斎藤義龍の侵攻で陥落し、光秀は美濃を逃れたのである。光秀二十九歳の頃だったが、その後、名門の末裔として高い教養を身につけた光秀は、室町幕府の将軍に仕えていた時期もあったという。十三代将軍・義輝の頃であった。そのため京の文化に精通していたとも言われているが、しかし時代は下克上の時代である。

光秀が仕えていた将軍・義輝が松永久秀に攻められ、闘死するという事件が起きた。主君を失った光秀は浪人となり、各地を転々としたという。この頃の光秀については、『當代記』という歴史書に書かれているようだが、その記述によると、朝夕の食事にも事欠く貧しい生活を送っていたと言われている。こうした生活が何年も続いたのである。

この話を聞きながら、私は遠い昔の自分の生い立ちを思い出した。私の父親は、私が三歳のときに日中戦争で戦死した。それ以来、母親は私の三歳上の兄貴（嘉明）と私を一人で懸命に働いて、育ててくれた。

私は小学校三年生のときに、初めてアルバイトをした。新聞配達のアルバイトである。配達の賃金は一律ではなく、一区域だけやると賃金は安いので、二区域で配ることにした。そうすると配達料は倍になるからだ。また夏休みに入ると、アイスキャンディーの売り子のアルバイトもした。冬休みには子守りと、年がら年中アルバイトをしたのである。

稼いだお金はすべて母親に渡した。

中学生になった頃に、「母親に恩返しをしたい」という気持ちが、私の中で生まれた。「どのような職業に就くと恩返しができるのか」を必死に考えた。私の頭からは、会社を創業し社長になって、その会社をどんどん大きくして金持ちになり、母親に恩返ししようという発想は一〇〇パーセント出てこなかった。

まず思い浮かんだのは、私より二歳下の美空ひばりさんだった。「よし、俺も歌手になろう」と思った。美空ひばりさんに影響されたのである。そして音楽部に入部し、合唱団の一員になったのだが、私の音域は狭く高い音を出せなかった。

音楽部の同級生に、「野村、おまえ、声を潰してみい。声を潰したら、音域が広くなるし、高い声も出せるようになるかもしれない」と言われて、「本当かよ」と半信半疑だったが、そのアドバイスを信じることにした。

当時、私は京都府竹野郡網野町（現在の京丹後市）の海岸沿いに住んでいたので、学校から帰ると毎日海に通った。海に向かって大声を出し続け、本当に声が出なくなるくらいに叫んだ。声は潰れてだみ声になったが、音域は広がらなかった。同級生のアドバイスは嘘だったのか。

「有名な歌手になってお母さん孝行をしたい」という一心だった。しかし、歌手になる夢はもろくも崩れて、次は映画俳優になろうと思った。まだテレビもなく、映画がとても盛んな時代だった。映画俳優になるために、映画を観ては主人公の台詞や演技を覚えて、自宅の鏡の前で真似をした。私なりの演技訓練だった。

しかし、ある日、はたと我に返った。鏡に映る自分の顔を見て、「この顔じゃ無理だな」と気づいたのである。映画俳優イコール男前という先入観をぬぐえなかったのだ。まだ、「男はつらいよ」の渥美清さんや関西の喜劇王として人気を博

した藤山寛美さんが出てくる前のことだ。

渥美清さんや藤山寛美さんなどが私の中学時代に活躍していれば、私は間違いなく芸能界に入っていた。もし当時、映画俳優になるのに顔は関係ないということを知っていれば、断念することもなかったと思う。

私に残った恩返しの方法は、結局、野球しかなくなった。野球を始めたのは、中学校三年生からであった。

ただ、野球にはお金がかかった。バットやミット、あるいはグローブなどの道具一式。さらに、野球チームに入るとユニフォームと、すべて揃えようとすると、けっこうお金がかかるのである。

当時の野村家は大変な貧困家族だったので、「バットやミット、グローブを買ってほしい」とは母親に言えなかった。ユニフォームも買えなかった。母親からは、「学校が終わったら、真っ直ぐ帰っておいで」といつも言われていた。

三年生から野球部に入ったが、バッティング練習をしていると、他の野球部員たちから褒められた。「おまえ、バッティングがうまいな。隠れて練習していたのか」と質問された。私は「やってないよ」と答えたが信じてもらえなかった。「野球ってこんな簡単かよ。そうならば、俺は死ぬ気で野球をやろう」と思いながら、ぽんぽんヒットを打っていたのである。

食糧難の時代だったので、空き地があればそこを畑にして作物をつくった。しかし、私の家は海辺に近く、土地もない。あるのは声を潰したときに大声を張り上げた砂浜。この砂浜にサツマイモを植えてみたが、ひょろひょろのサツマイモしかできなかった。本当に、その日暮らしの連続であった。

このような家庭環境だったので、どうしても金持ちになりたくて、歌手、映画俳優に憧れたがすぐに諦めて、もう野球選手になるしかなかった。卒業していく先輩に無理を言って、バットやグローブを譲ってもらったりして練習をしたのである。

中学生時代の野球部の集合写真が残っているが、私の家ではユニフォームが買えないため、私だけユニフォームを着ていない。一人だけ短パンを穿いて、ランニングシャツで写っていた。それで試合の時だけ、後輩にユニフォームを借りて試合に出ていたのである。

俺のボヤキ②

俺は十代の頃、貧乏だったなぁ。

「光秀も苦労人だなぁ〜」

光秀の人生って、

現役時代にはまったく活躍できなかった選手が、

コーチ、監督になって開花したような感じだ。

世に出るまでの長い道のり

享禄元（一五二八）年に明智光秀は生まれたとされるが、諸説あり定まってはいないという。次に光秀の足跡が知れるのは、先に触れたが弘治二（一五五六）年に、美濃国主・斎藤義龍の侵攻で明智城が陥落し、美濃を逃れたときだという。光秀二十九歳の頃である。

繰り返しになるが、これ以降、将軍家に仕えた時期もあったが、浪人となり、各地を放浪することになった。「朝夕の食事にも事欠く貧しいものだった」とつねに言われている。

こうした光秀の前半生の苦労話を聞くにつけて、光秀は私にとって共感できる存在になった。

苦労話については、光秀に負けていない私である。中学校卒業間近になった頃、母親と兄の三人で夕食をとっているときに、私は母親にこんなことを言われた。

明智光秀、激動の55年のポイント

享禄元年	1528年	明智光秀、誕生
弘治2年	1556年	美濃国主・斎藤義龍に攻められ明智城落城（29歳）
永禄10年	1567年	越前・朝倉義景に仕える
		幕臣・細川藤孝を知る➡藤孝のとりなしで、足利義昭の近臣に
永禄11年	1568年	細川藤孝を通じて、織田信長に出会う
		藤孝、光秀が仲介し、織田信長、足利義昭と謁見
		信長、光秀を家臣に（41歳）
		信長、義昭を奉じて上洛➡光秀、京都奉行職に
		義昭、室町幕府15代将軍に就任
永禄13年 元亀元年	1570年	義昭と信長、対立が生まれる。光秀、仲介役（43歳）
元亀2年	1571年	近江国滋賀郡を与えられる。坂本城築城（44歳）
天正3年	1575年	信長から、丹波攻めの総大将に任命される（48歳）
天正7年	1579年	八上城、黒井城を陥落、丹波平定（52歳）
天正8年	1580年	信長より丹波国を与えられ、居城を亀山城とすることを許される（53歳）
天正9年	1581年	京都にて、信長の馬揃えの統括総責任者になる（54歳）
天正10年	1582年	6月2日、本能寺の変
		6月13日、山崎の戦い。羽柴秀吉の大軍と戦うが、敗走。光秀、死す（55歳）

「おまえはお兄ちゃんと違って勉強ができん。学校は義務教育が修了する中学校で勘弁してくれ。三月にはお兄ちゃんが高校を卒業し、おまえも中学を卒業したら、二人で働いて、おかあちゃんを助けてほしい」

この話を聞いた兄が、私に助け舟を出してくれた。「男子だったら、高校ぐらいは出ておかないと、克也は社会に出て一生苦労するよ」

兄は勉強好きで、学業の成績も優秀だった。兄は大学に進学したかったが、私のために、「大学に行くのを諦めて働くから、克也を高校に行かせてやって」と母親を説得したのである。兄のこの一言で私は高校に行けた。そして、野球人として生きていける可能性をもらったのである。

兄は高校卒業後、一流企業に就職したのだが、これも学業が優秀だったからだと思う。しかも、兄は働きながら夜学の大学に通った。趣味が勉強みたいな男だった。「そんなに勉強って楽しい？」と私は聞いたことがあったが、兄は「楽しいよ」と言った。

今もだが、私は「勉強が楽しい」という兄の一言を理解できない。しかし、プロ野球の選手になったときにわかったことだが、兄も私もこつこつ努力するのが性に合っているのである。

兄のおかげで高校に進学できたが、そこで野球をやるのがまた一苦労だった。野球部の部長だった清水義一先生が私の家まで来てくれて、母親を説得してくれた。「僭越ですが、私が克也君の父親代わりをします。ですから、克也君に野球をやらせてください。克也君はいい素質を持っているので、伸ばしてあげたいと思っています。そして、私が責任を持って就職もお世話します」と話してくれたのであった。

野球部の清水先生が来てここまで話してくれたので、母親も、「先生にお任せします」と言ったのである。「また、野球ができる」。理屈抜きに嬉しいと思った。母親の許しをもらい野球部に入部したが、ユニフォームは先輩から譲ってもらった。野球道具はみんな先輩たちからのお下がりだった。

高校は、山陰本線の自宅から一駅先にあった峰山高校に通った。兄が学んだ高校である。兄は、「おまえは野球をやりたいんだから、峰山高校の工業科に行け」とアドバイスしてくれた。峰山高校の工業科は当時、化学と紡織と機械の三つの学科があり、兄は一番難しい機械で、私が入学した化学は入るのが一番やさしかった。

「おまえ、野球部に入ったら、卒業しても鐘紡淀川の野球部につながっているから、社会人になっても野球を続けられるぞ」と言ってくれたのである。

お互い大人になってからのことだが、私は兄に聞いたことがあった。「俺に、野球の才能があると思っていたのか」と聞くと、兄は「プロの選手になるとは思わなかったが、いい素質は持っていると感じていた」と言うのである。私は生涯、この兄には頭が上がらないと思った。

南海テスト生に合格

高校時代、母親は兄とは真逆なことを私に言い続けた。

勉強一筋だった兄には、「勉強ばかりしていると体を壊すよ」と心配しながら言っていたのに、私には「高校に通って野球ばかりしていたら、バカのママだ。だから、勉強せえ、勉強せえ、野球ばかりしてないで勉強せえ」の一点張りだったのだ。

高校三年間、野球漬けの毎日だったが、結局、高校野球の聖地・甲子園には行けず仕舞いだった。野球部の清水先生はあまり野球のことは知らなかった。峰山高校の先生をしながら、地元の寺のお坊さんでもあったからだ。

ただ、父親代わりと言ってくれたので、三年間、何かにつけて親身になってくれたのである。私は高校三年生のある日、新聞を持って先生に相談した。

「先生、こんな記事が出ています」と先生に新聞を見せた。

「南海ホークス、新人募集」。この記事を先生に見せると、先生は「チャンスだ。行ってこい、行ってこい、おまえならひょっとして合格するかもしれんぞ」と背中を押してくれた。

ところが、大阪駅を経由し難波駅まで行く汽車賃がない。先生にその相談をすると、「ああ、そんなことか。俺が出しておいてやるよ」と言われ、先生から汽車賃を借りて、テストを受けに行った。昭和二十八（一九五三）年十一月の頃だった。

現在では、プロ野球球団はあまりテスト生を募集していない。今は各球団ともにスカウトがいるので、それぞれの球団で有望選手の情報を持っているのである。だから、テスト生の募集はほとんどない。だが当時はスカウト自体がいなかったので、各球団ともにテスト生を募集していたのである。

結果は、合格だった。私が受けたテストでは、七人の合格者が出た。ピッチャー二人、バッティングピッチャー一人、残りはキャッチャー四人だった。四人のキャッチャーの一人として合格したのである。

しかし、この四人とも将来の正捕手を期待されていたわけではなかった。ブルペンキャッチャーとして採用されたのである。入団後、二軍キャプテンの部屋に行って、「私たちはこれからどうしたらよいのか」を聞いた。

すると、二軍キャプテンは開口一番、「がっかりするなよ、テスト生で一軍の正捕手になった選手は一人もいない。プロ野球の球団にはピッチャーがたくさんいるため、その絶対数のキャッチャーが必要なのだ。おまえたちはバッティングキャッチャー、ブルペンキャッチャーで採用されたんだ」と言った。

ショックもショック、もう帰ろうと思ったが、できなかった。そして、それから三年の間で、テスト生で採用されたキャッチャー四人のうち三人はクビになった。残ったのは、私だけだった。

なぜ、私だけ残ったのか、皆目見当もつかないが、二軍監督が私を気に入っていたのかと思っている。「ひょっとしたら、こいつはモノになるか」と思われていたのかもしれない。

どうしてそう思われていたのかというと、私の夜の過ごし方を監督は知っていたからだ。プロ野球の選手は当時、十代後半から三十代前半とまだまだ若い。夜になると、宿舎に残っているのは、マネジャーと私だけだった。周りの選手たちは女と酒を楽しみ、遊んでいる。しかし、私はバットをずっと振っていたのだ。マメを作って寝る毎日だった。二軍監督からは褒めてもらった。

選手としては褒めるところがないので、監督から「よう打つな」とか「いいキャッチャーだな」とかは言われることがないが、「よう頑張るな、おまえ」と何度も言われた。

最初に結果が出たのは、南海ホークスに入団して三年目。ハワイでの一軍キャンプだ。前年に南海ホークスが優勝して、そのご褒美でハワイキャンプをすることになったのである。二軍からブルペンキャッチャーを一人連れて行くことになり、二軍監督の推薦もあり、私が選ばれた。

レギュラーのキャッチャーと控えキャッチャー、そして二軍キャッチャーの私がいた。キャンプも中盤以降になると、いよいよハワイチームとオープン戦が始まった。

オープン戦の第一戦の選抜メンバーが発表された。当然、正捕手の松井淳さんが出場するはずだったが、肩が痛いと休んだ。そこで、キャッチャーが空きになっていた。まずは一軍の二番手キャッチャーが出場すると思っていたが、彼は男前もあってかハワイに来てからは遊びほうけて、そのことを監督、コーチ、そして選手たちも知っていた。

監督は選手みんなの前で、「おまえは分もわきまえんと遊びほうけやがって。日本に帰ったらクビだ」と怒られた。そして、「野村、おまえ行け」とやけくそで使ってもらったのである。

ハワイの野球チームといっても、ハワイの大学野球部とか、現地の独立リーグのチームといったレベルの低いチームだったので、攻守ともに大活躍できた。帰国後、新聞の監督コメントに、「ハワイキャンプは大失敗だった。その中で一つだけ収穫があった。野村を使えるメドがついたことだ」と書かれていた。この一言は、本当に嬉しかった。帰国後も三月のオープン戦では使ってもらえた。

問題はそこからだった。ハワイのときのように、なかなか打てなくなった。ハワイの野球チームと日本のプロ野球チームのレベルの違いに翻弄されたのである。結局、レギュラーシーズンに入ったら使ってもらえなくなり、またブルペンに逆戻りした。

レギュラーの松井さんが肩を壊して、二番手の男前キャッチャーはスルーされて、「野村、そのまま行け」と監督は言ってくれた。「これはチャンスだ！」と思った私は張り切って打席に入った。しかし、緊張し過ぎて打てない。二十数打席ノーヒット。よく使ってくれたと思う。結局、この年、一九五六年だが、一二九試合に使ってもらい、打率・二五一、本塁打七本というあまり褒められた成績ではなかった。しかし、正捕手の座をつかみかけた。

この悔しさを忘れるために、シーズンオフも練習、練習の毎日を送り、翌一九五七年には、一三二試合に使っていただき、打率・三〇二、本塁打三十本の成績を残し、初めての本塁打王になったのである。

俺のボヤキ③

俺の話ばかりになってしまった。
光秀、気分悪くしてるかな。
と言いながら、引き続き俺の話だ。

努力と才能、どちらを信じるか

いいスイングのときは、ブッという音がした。スイングの音を耳で確かめながら素振りをしていると、一時間、二時間がアッという間に過ぎてしまった。「ああ、ダメだ、ダメだ」「よし」と自分で判定しながら、素振りをした。

チームの先輩たちにはよく冷やかされた。宿泊所の庭で素振りをしていると、「野村、バットを振って一軍選手になれるなら、みんな一軍選手になっているよ。この世界は、才能だよ、素質だよ。着替えてこい。きれいなお姉ちゃんがいるところに行こう！」と誘ってくるのだ。

当時は、私も若かったので、ふらふらと誘いに乗りかけたが、しかし金がなかった。だから、もっともな理由を言って断り、素振りを続けた。もし、当時、お金があったら、きれいなお姉ちゃんのところに行っていたのかもしれない。

お金がないのが幸いしたといまでも感謝している。先ほど書いたように、三年目に一軍に上がり、四年目でレギュラーをとり、正捕手となり、本塁打王にもなった。それでホッとして、五年目、六年目のシーズンはダメだった。多少、夜遊びをするようにもなっていた。クラブに行って、きれいな女性に囲まれて、そりゃ若いこともあり、楽しかった。しかし、私は酒が飲めないからそれがよかったと思う。

あるとき気がついた。「俺はこんなことをしていたらあかん」と。ガムシャラに練習をして、それでも打てないときに、何でこんな球が打てないんだと思いながら、また練習をする。その連続でしか、人並み以上の記録は残せないと知った。だから、クラブ通いはやめて、試合後も黙々とバットを振っていた。

今の若いプロ野球選手を見ても、私たちの時代とそんなに変わらない。将来はプロ野球選手になることを夢見て、アマチュア時代に頑張っていた。そして、念願がかないプロ野球の選手になった。

すると、入団を到達点だと勘違いする選手がいまだに多い。それは大きな勘違いだ。冷静に考えると、入団は到達点ではなく出発点にしか過ぎない。到達点だと錯覚するのは、お金の魔力に負けるからだろう。

現在だと、契約金で何億円というお金をもらい、一年目の年俸は一般の会社員の初任給よりもはるかに多い。すると、男がのめり込むのは酒と女になる。現在もまた私たちの時代と変わらずで、みんな遊びに行ってしまって、夜なんか宿泊所に一人もいないはずだ。

私自身、監督になり、若い選手を見ていると、夜、素振りをする選手は誰もいなかった。現在の野球ボールは私たちの時代に比べて、ホームランが出やすいボールになっているはずだが、四十本、五十本打つ選手はいない。やはり、夜遊びばかりして、練習不足なのかなと思う。

野球の世界は、努力イコール結果ではない。ほかの世界のことは知らないが、野球の世界はそうだ。努力イコール結果ではないので、みんな楽をしたいという本能が先に立つ。だから、この世界は才能、素質だという理屈に逃げてしまう。そう思ったほうが楽だからだ。

私の場合、テスト生だったので、契約金なんかなかった。給料も安く、当時で七千円。当時の大卒の初任給は六千円だからそんなに差はなかった。その出発点がいまにして思えばよかった。遊ぶ金などなかったからだ。入団一年～二年目まで、高校時代の学生服を着ていた。背広が買えないのである。南海ホークスという球団は、他球団に比べても給料が安かった。南海ホークスはケチな球団として有名だった。

　こんなことを今、告白するのはとても恥ずかしいが、私は小さい頃から巨人ファンだった。プロ野球選手になるのなら、巨人軍と決めていた。しかし、高校三年生のときに、私よりも一歳年上の藤尾茂さんが巨人軍に入団した。強肩、強打、俊足のキャッチャーだった。

「これはあかんわ」と思った。藤尾さんに勝てるわけないと思い、巨人軍入団は諦めた。それで、十二球団から優れた二十代のレギュラーキャッチャーがいない球団を探した。すると、残ったのが南海ホークスと広島カープだった。そこで、南海ホークスのテストを受けてダメなら広島カープという方針を立てた。これが私の「その他」から始まった野球人生のスタートだった。

第2章

マルチな才能が開花、ダブル主君

猛烈な仕事ぶりに転職組の憂いが

信長にその才能を認められた光秀、四十一歳の光明

永禄十（一五六七）年に美濃の国を手に入れた信長は「天下布武」を唱え、天下統一に乗り出そうとしていた。その頃、光秀は越前（現在の福井県）の朝倉義景を頼り、義景から五百貫の知行をもらう家臣だった。

当時の光秀は、越前の地で鳴かず飛ばずの境遇だった。義景の望みで鉄砲演習を行い、見事な腕さばきを見せた功によって、鉄砲寄子百人を預けられた。しかし、義景は朝倉軍の戦に鉄砲を採用する気はさらさらなかった。

意気消沈する光秀がこの時期に出会ったのが、足利義昭である。義昭は、永禄八（一五六五）年五月に、松永久秀、三好義継らに襲われ自害した第十三代将軍足利義輝の弟で、奈良の一乗院門跡《もんぜき》となっていた覚慶《かくけい》である。

覚慶は「次期将軍は我だ」と思い、一乗院を逃れ、還俗した。近江に行き、若狭の武田氏を頼り、永禄十（一五六七）年には先の朝倉を頼った。しかし、しばらくすると、口先だけの朝倉義景を義昭は見限った。将軍職就任がいっこうに進

まないからである。

義昭は美濃を手に入れ、「天下布武」を唱えた（永禄十年）信長に接触しようと考えた。その橋渡し役を買って出たのが光秀だった。光秀は信長のもとに赴いた。信長はその頃、都を治めるため京の事情に詳しい者を必要としていた。

橋渡し役の光秀を、信長は家臣として抱えた。その才能を高く評価したからだ。そこで、いきなり四千貫の知行を与えた。四千貫とは、織田家では佐久間信盛、柴田勝家という重臣クラスと同じ知行だった。

後の豊臣秀吉である木下藤吉郎秀吉でさえ、草履取りから引き立てられ美濃攻めでは墨俣《すのまた》の一夜城などの功績を上げたが二千五百貫だった頃である。

永禄十一（一五六八）年九月、信長は五万人の軍勢を引き連れて、京に進軍した。光秀はかつて、京の将軍家に仕えていた経験を活かして、信長から京都人脈を買われ、京都奉行に抜擢された。朝廷や神社仏閣の交渉を任され、その手腕を発揮したのである。

京都奉行にはほかに、織田家譜代の重臣・丹羽長秀、木下秀吉らがなった。こうして信長に見出された光秀は、このわずか十四年の間に織田家一の重臣にのし上がるのだった。

光秀が出世の第一歩を踏み出した話に、私はプロ野球の選手として、入団四年目にパ・リーグの本塁打王のタイトルを獲得した頃のことを思い出した。私がそもそも野球選手になったのは、母親に親孝行をしたかったからだ。

本塁打王を獲得した頃も、生活は決して楽ではなく、母親にまだプレゼントらしいプレゼントをしたことがなかった。そんな頃、母親が単身で南海のホームグラウンド、「難波球場」の愛称で親しまれた大阪球場にやって来た。

私はびっくりしてしまった。何の連絡もなしに、ひょっこり現れたのである。母親に理由を聞くと、「お願いがあって来た」と言う。「どんなお願い?」と聞くと、「一人住まいに最適な家を見つけたから買ってほしい」というお願いだった。

「明智光秀」略年表

和暦	西暦	年齢	出来事
享禄元年	1528	1	『明智軍記』では、明智光秀が生まれたとされる（諸説あり）
天文3年	1534	7	織田信長が生まれる
天文6年	1537	10	豊臣秀吉が生まれる
弘治2年	1556	29	斎藤義龍の攻撃により明智城が落城。光秀、美濃を逃れる
永禄10年	1567	40	この頃、光秀、越前・朝倉義景に仕えた。義景を頼り越前に滞在していた足利義昭に仕える
永禄11年	1568	41	7月、細川藤孝とともに義昭の美濃行きを進める。義昭、織田信長に謁見
			光秀、信長の家臣になる
			9月、信長、義昭を奉じて上洛
			10月、義昭は室町幕府15代将軍に就任
永禄12年	1569	42	1月、義昭が三好三人衆に襲撃される。光秀が防戦
			この年頃から村井貞勝らと京都の庶政にあたる
永禄13年 元亀元年	1570	43	4月、金ヶ崎の戦いで信長軍の殿を務める（諸説あり）
			12月、宇佐山城主になる
元亀2年	1571	44	9月、信長の延暦寺攻めに参加、比叡山を焼き討ち
			近江国滋賀郡を与えられる

和暦	西暦	年齢	出来事
元亀3年	1572	45	12月、居城坂本城が完成する
元亀4年 天正元年	1573	46	2月、信長と対立した義昭の勢力が立て籠る今堅田城を攻める 7月、槇島城に籠る義昭を攻める。降服した義昭、京都追放 村井貞勝とともに京都代官に就任。天正3年7月まで務める
天正3年	1575	48	7月、惟任姓を与えられ、惟任日向守光秀と名乗る。日向守に任官 8月、越前一向一揆攻めに参戦 信長より丹波攻めの総大将を命じられる
天正4年	1576	49	1月、丹波黒井城攻めの最中に、八上城主波多野秀治が裏切り。退却する 4月、石山本願寺攻めに参戦する
天正5年	1577	50	2月、紀州雑賀攻めに参戦する 10月、信長に謀反した松永久秀を信貴山城に攻め自刃させる 丹波攻めの拠点として亀山城の築城を開始する
天正6年	1578	51	5月、播磨に向かい、秀吉の上月城攻めに参戦する
天正7年	1579	52	6月、丹波八上城主波多野秀治を降服させる 7月、丹波宇津城を攻め落とす

			8月、丹波黒井城を攻め、降服させる
			10月、安土城の信長に丹波平定を報告。丹波一国を知行地に
天正8年	1580	53	信長より丹波亀山城を居城とすることを許される
天正9年	1581	54	2月、信長の馬揃えに、三番衆として参列する。統括総責任者として仕切る
			6月、『明智家法』を制定する
天正10年	1582	55	3月、信長の甲斐・武田氏攻めに従軍。武田家滅亡
			5月、安土に逗留した徳川家康を饗応する
			5月、信長に中国地方への出兵を命じられる
			5月、出陣のため、丹波亀山城に入る
			6月1日、信長への反逆を決意し、亀山城を出陣
			6月2日、本能寺で信長を討ち、次いで二条御所の信忠を攻める
			6月4日、明智軍が近江を平定する
			6月5日、安土城へ入城
			6月13日、山崎の戦いで光秀軍、秀吉軍と戦う。光秀軍が敗れ、勝龍寺城に逃れる
			同日、坂本城へ向かう途中、落ち武者狩りの農民に殺害される
			6月15日、坂本城が堀秀政に攻められ落城。光秀の妻子・一族が自害

参考文献・高柳光寿『明智光秀』（吉川弘文館）、小和田哲男『明智光秀と本能寺の変』（ＰＨＰ研究所）

そのことを兄に相談すると、「それは絶対にダメだ」と言い放った。「故郷の丹後の網野町に家を買ったのでは、いつまで経っても兄の暮らす京都まで出てこないからダメだ」と言うのである。すると、母親が、「おまえたちの気持ちもわかるけれど、お母ちゃんの言う通りしてくれるのも親孝行だ」の一言で、私は「そういやぁそうだな」と納得し、母親からお願いされた家を購入することにした。母親に対しての初めて親孝行だった。

光秀と私に共通している点は、母親思いで愛妻家であるという点だ。光秀は、浪々の身で熙子《ひろこ》という妻がいたようだ。病弱がちな女性だったようで、光秀は生涯大切にしたと言われている。私の場合は、亡くなった沙知代である。

私の素直な心情として、「いまはとても寂しいんだ」。最近、身近に私の話を聞いてくれる妻がいないのを本当に寂しく思う。男にとって女房に先立たれると精神的にとても弱くなるものだ。

自宅に帰っても話し相手がいない。私は「ボヤキのノムさん」で売っているが、今の私にはボヤく相手がいないのだ。選手時代や監督時代は、毎日、自宅に帰ってはいつも沙知代にボヤいていたが、沙知代は嫌な顔をせず聞いてくれた。いま思うと相手になってくれて、本当にありがとうという気持ちである。

俺のボヤキ④

光秀はいきなり四千貫。

今のお金で四億八千万円。

俺、入団四年目で本塁打王、

でも年収では光秀に完敗だ。

信長の家臣、義昭の近臣

足利義昭が室町幕府の第十五代将軍になったのは、永禄十一（一五六八）年十月である。将軍に就任した当初は、義昭は信長を「我が父と思う」と尊敬し、両者の関係はすごく良好だったが、この関係は長くは続かなかった。

義昭の時節に対する観察眼は己中心であり、客観的な観察眼ではなかった。「将軍になれば、全国の武将たちが付き従う」と考えていた。しかし、室町幕府における将軍の威厳と権力はなきに等しいものであり、世の中はまさに戦国時代であることの意味を実感していなかったと言える。

義昭は、自分が信長にとっての傀儡将軍であることの事実をわかり始めたのである。だから、義昭の表情は次第に曇りがちになり、冴えない表情になっていた。

その点、信長は実に冷静に物事を判断していた。それは遅かれ、早かれ、両者の関係に亀裂が生じ、敵対するものになるとわかっていた。しかし、亀裂は入るが決定的に敵対するものでない限りは、義昭の存在価値を利用しようとしたのであった。

信長は光秀を家臣にして、その一方で義昭の近臣にもさせていたことは、時節の先が読める信長ならではの戦略的なものだったと言える。

永禄十二（一五六九）年になると、義昭は将軍に思ったほど権限がなく、実権は信長に握られていることに不満を持ち始め、将軍の権威を取り戻そうと、さまざまな画策を始めることになる。

強大な軍を持たず、所領もさほどない義昭にとって、己の権威を高め、力を得るには、諸国の戦国武将たちに御内書を出すことしか手段はなかった。「御内書」とは、将軍の私的な書簡のことだが、私的とはいっても将軍が出す以上、それなりの影響力を持つものと言える。越前の朝倉義景や、甲斐の武田信玄、越後の上杉謙信などに矢継ぎ早に出したのである。

この御内書の作成、送達には、義昭の近臣たちが関わっていたが、信長から禄をもらっていた光秀は除外されていたようだ。

永禄十三（一五七〇）年は年の途中で改元されて元亀元年になった。信長は正月早々義昭に五ヶ条の「条書」を押し付けた。なぜなら隠密裏に行っているつもりの義昭の御内書発給だが、その目にあまる行為は光秀の知れるところになり、やがて信長側にも知られるようになったからである。

この条書には、御内書を送付する際には、信長にその旨を伝え、信長から書状を添えて出すことなど、こまごまと書かれていた。要は、将軍義昭の行動を拘束し、天下のことは信長に任されたしという内容であった。

光秀は、義昭と信長の両方に仕える立場ではあるが、次第に信長による義昭への拘束に味方し始めていたようだ。この決断には、天下統一による時代の安寧はどちらに現実味があるかとの判断があったと思われる。

信長の家臣、義昭の近臣という光秀の二股宮仕えには同情する。少し意味合いは違うかもしれないが、キャッチャーと打者というのも、ある意味二股宮仕えに似ている。両立が難しいと言われているのである。

プロ野球八十年の歴史の中で、キャッチャーで打者のタイトルを獲った人はあまりいないはずである。それくらいキャッチャーという仕事は重労働であり、相手チームの打者の情報等も分析し、理解するために時間がかかるのである。

南海ホークスにいた頃に、当時、全盛期を迎えていた阪急ブレーブスの正捕手だった岡村浩二さんに「四打席回ってきて、全打席を一生懸命にやっているか」と聞いたことがあった。すると、「もうこの打席で打ってもしょうがないなと緩んだことはある」と答えてくれた。

あるいは、十点を取られた試合など、キャッチャーの責任もあるため、こういう試合では、打席に集中できないときがある。それがキャッチャーの辛いところで、こうした点もキャッチャーで打者のタイトルを獲った人が少ない要因である。

本塁打王のタイトルを私が獲ってから、次にキャッチャーで本塁打王のタイトルを獲ったのは阪神タイガースの田淵幸一である。私の時代では、キャッチャーといえば八番バッターに決まっていた。

最近、若い記者などに、松井秀喜の本塁打記録と比較されるときがあるが、外野手の打者とキャッチャーの打者はまったく比較にならない。外野手は楽だから。守備の際に、相手チームの打者によって変な場所を守っていると、ベンチから「こっちこっち」と指示が飛ぶ。外野手は考えることがない。ある外野手は守備につきながら、イメージバッティングをしていた。

さて、光秀の話に戻るが、この条書以降、信長への忠節に傾いたが、光秀は義昭といつ袂を分かつのだろうか。

五ヶ条の条書をつきつけられて、おとなしくはならなかったのが義昭だった。越前の朝倉義景と連絡を密にとり始めたのである。当然、その動きは信長にも察知されて、信長から義景に上洛命令が出されたが、義景は黙殺した。

結局、信長は元亀元（一五七〇）年四月に、大軍を率いて越前に攻め入った。この朝倉攻めの織田軍の中に光秀もいた。この戦いの発端は義昭がつくったものだから、光秀の心はかき乱されるほどの苦しみだったが、その気持ちは押し殺し、信長の家臣として大活躍をした。

それが、浅井長政の謀反を知った織田軍の撤退戦・金ヶ崎退き口での活躍である。金ヶ崎城で殿《しんがり》を秀吉とともに務めたのであった。この殿話は、秀吉の武功として語られるときが多いが、光秀もともに務めたのである。

後に天下人になった秀吉は、この戦いが自分だけの信長への献身と大宣伝している。光秀もまた殿を務めたことは抹殺されていた。光秀は朝倉攻めに従軍し、実際に朝倉勢と戦う中で、義昭と袂を分かつ気持ちを強めていたようだ。しかし、義昭と信長はまだ完全に決裂していない。信長は義昭の利用価値を計算していたのである。

俺のボヤキ⑤

足利義昭は好きになれないな。その後、どんな人生を過ごすの？

葛藤の中で成果を上げる

浅井長政の裏切りで金ケ崎から京都に逃げ帰った信長は、意気消沈することは決してなかった。さっそく浅井討伐のために、北近江に軍を進めた。これが姉川の戦いである。勝利に沸いた織田軍だが、浅井・朝倉連合軍は敗れたとはいえまだまだ余力があった。

姉川の戦いに勝利した信長だが、その後の浅井・朝倉連合軍は反撃に転じ、南近江まで攻め込んできた。石山本願寺、比叡山延暦寺といった寺院勢力と連携した浅井・朝倉連合軍は信長包囲網を形成し、盛んに信長を攻め立てたのである。伊勢長島の一向一揆をはじめ各地の一向一揆の蜂起が信長を窮地に追い込んだ。

このとき、信長は天皇から勅命講和を引き出して窮地から脱した。将軍義昭の利用価値を十分に知っていた信長は、義昭を通じて天皇を動かしたのである。こうした信長包囲網を操っているのは義昭だったが、信長の苦境を知っていながら見て見ぬふりをした。

この時期の光秀は、浅井・朝倉連合軍と信長軍が南近江を舞台に戦いを繰り広げる中、織田軍の武将として従軍していた。その前後で、義昭の近臣を通じて、「お暇を賜りたい」と申し出ている。義昭の近臣をやめたいという意思表明であった。義昭はこの申し出に対して、どう対応したかがわかる史料はないが、たぶん認めなかったはずだ。

南近江の地で戦いを繰り広げながら、光秀の心中は決して安穏としたものではなかった。しかし、そうした不安は胸の奥底に沈め、光秀はあくまで冷静沈着に従軍していた。元亀元（一五七〇）年九月、信長は浅井・朝倉連合軍の攻撃に対抗し、比叡山の麓に幾つかの砦を築かせた。

その一つが穴太《あのう》砦の構築だが、この構築に光秀もまた関わった。完成後はそのまま穴太砦に留まり、守備につかなかった。今度は信長の命により、比叡山西麓に築かれた勝軍山城に入った。浅井・朝倉連合軍に対抗するため、この城に信長は将軍に仕える武士、「公方衆」などを入れた。この公方衆の一人が光秀だったのである。

大阪府岸和田市にある本徳寺が所蔵する明智光秀唯一の肖像画をもとに、新たに描き起こしたもの（写真提供・アフロ）

浅井・朝倉連合軍に対して、信長の苦戦状態は続き、信長の重臣で、宇佐山城（滋賀県大津市）を守っていた森可成が討死した。宇佐山城は信長にとって重要な拠点となる城であった。ちょうど、京都と近江を結ぶ幹道の要地であり、いつまた浅井・朝倉連合軍との戦いが勃発するかわからず、この城を誰に任せるかは信長の悩みの一つだった。

信長の重臣たちは、この時期、それぞれの任務を信長から与えられ、すでに配置についていた。秀吉は横山城、丹羽長秀は佐和山城、柴田勝家は長光寺城などである。こうした重臣たちの中から誰かを宇佐山城に移そうとすると、部将の配置全体を見直さなくてはならず、悩みはさらに広がってしまうのである。

そこで、宇佐山城の守備に抜擢されたのが光秀だった。宇佐山城は京都に一番近く、そのため、京都奉行としての経験、京都の政情に明るいこと、金ヶ崎における殿軍での軍功が評価されたためである。また、将軍義昭の近臣でもある光秀の立場を、信長はうまく利用したのだ。

この時期の光秀は信長からの信頼をさらに高めるために、不安な感情を抑え、徹底的に考えぬいた。その姿勢は、プロ野球における一流バッターの姿勢と通じるところがある。プロ野球のバッターになると、シーズンのうち同じピッチャーと幾度も対戦する。

一年を通して、同じバッターに同じ攻め方をするピッチャーはいない。必ず攻め方を変えてくるものなのだ。その対戦結果から、相手ピッチャーの自分に対する攻め方はどう変わってきたか、あるいはまだ変わっていないのか、その変化のあるなしを感じる力が求められる。その変化を感じる力がないバッターは、シーズンを通して結果を出すことはできない。

長くプロ野球で働くためには、感性が求められるのである。しかし、感性だけでは物足りない。感性を大事にしながら、頭を使うことが重要なのである。

この時期の光秀は、義昭との関係を断ち、信長の信頼をさらに得るために、二股の忠勤に対する不安を感じながら、これからの世の推移をしっかりと考えて行動していたのである。

宇佐山城の城将になった光秀だが、その地位はいわゆる「一国一城の主」ではなかった。城将、あるいは城代という立場で、単に城を預けられただけであった。城の周りの所領も知行として与えられず、城主としての城領支配に乗り出してはいない。しかし、信長の信頼はさらに高まったと言える。

残虐非道、比叡山延暦寺の焼き討ちと光秀

宇佐山城の城将時代の光秀にとって、元亀二（一五七一）年九月の比叡山延暦寺の焼き討ちは忘れられない所業になったはずだ。

山科言継の日記によると、九月十二日の総攻撃により、織田軍は延暦寺の堂塔伽藍に火をかけ、僧俗男女三、四千人を伐り捨てたと記してある。秀吉などは、参道脇を逃げる僧俗男女については見て見ぬふりをしたと言われているが、光秀は比叡山焼き討ちの実行部隊の中心人物としての役割を果たした。

比叡山焼き討ちの十日前の書状で、光秀は織田軍に非協力的な仰木（滋賀県大

津市）を攻め、皆殺しにすることを命じられていた。この焼き討ちは総攻撃の直前になって知らされたものではないということだ。

よくテレビの時代劇などでは、焼き討ちを命じられた信長の家臣たちが、口々に「王城鎮護の延暦寺に火をかけるなどもってのほか」と諫言をしたシーンが流される。そして、その諫止役としての光秀が描かれている。

しかし、それは事実ではなかった。焼き討ちの十日も前に、光秀は動いていたのである。比叡山延暦寺に一番近い城・宇佐山城を任されていたこともあり、光秀は信長の命令を忠実に実行していた。

光秀の立場で考えると、義昭とは袂を分かち、信長の家臣として生きていく決意をした以上、光秀は信長に諫言などできるはずはなかったのである。このときの光秀の思いは、中高年になり転職された経験を持つビジネスパーソンならば、わかってもらえると思う。

信長は中世的な権威を破壊することで、新しい世を創ろうとしていた。その象徴だったのが、比叡山延暦寺の存在だった。信長にすれば、延暦寺を焼き、破壊し尽くしたことは、天下統一に向けて、さらに一歩を踏み出したことになった。

信長は焼き討ち第一の功労者として光秀を挙げた。その恩賞に、坂本城の築城と滋賀郡を与えた。当時の織田家臣団にとっての恩賞としては破格のものだった。織田家臣の中で最初に「城持ち大名」になったのである。

織田家の家臣団は嫉妬とやっかみの嵐だったはずだ。宿老である柴田勝家、丹羽長秀、佐久間信盛ですらまだ与えられていない待遇だったからだ。秀吉はまだ横山城の城将に過ぎなかった。

光秀は、元亀三（一五七二）年十二月には坂本城の天守閣を構築し終えた。

永禄十一（一五六八）年に信長の家臣となり、わずか四年で城持ち大名になった光秀だが、この時期の光秀は不安の中での模索の連続だったと思う。信長と将軍義昭との関係は険悪の一途をたどり、近い将来、信長は義昭を見捨てるはずである。

すると、京都奉行職にある光秀にとっては一つの役割を終えることになる。そ

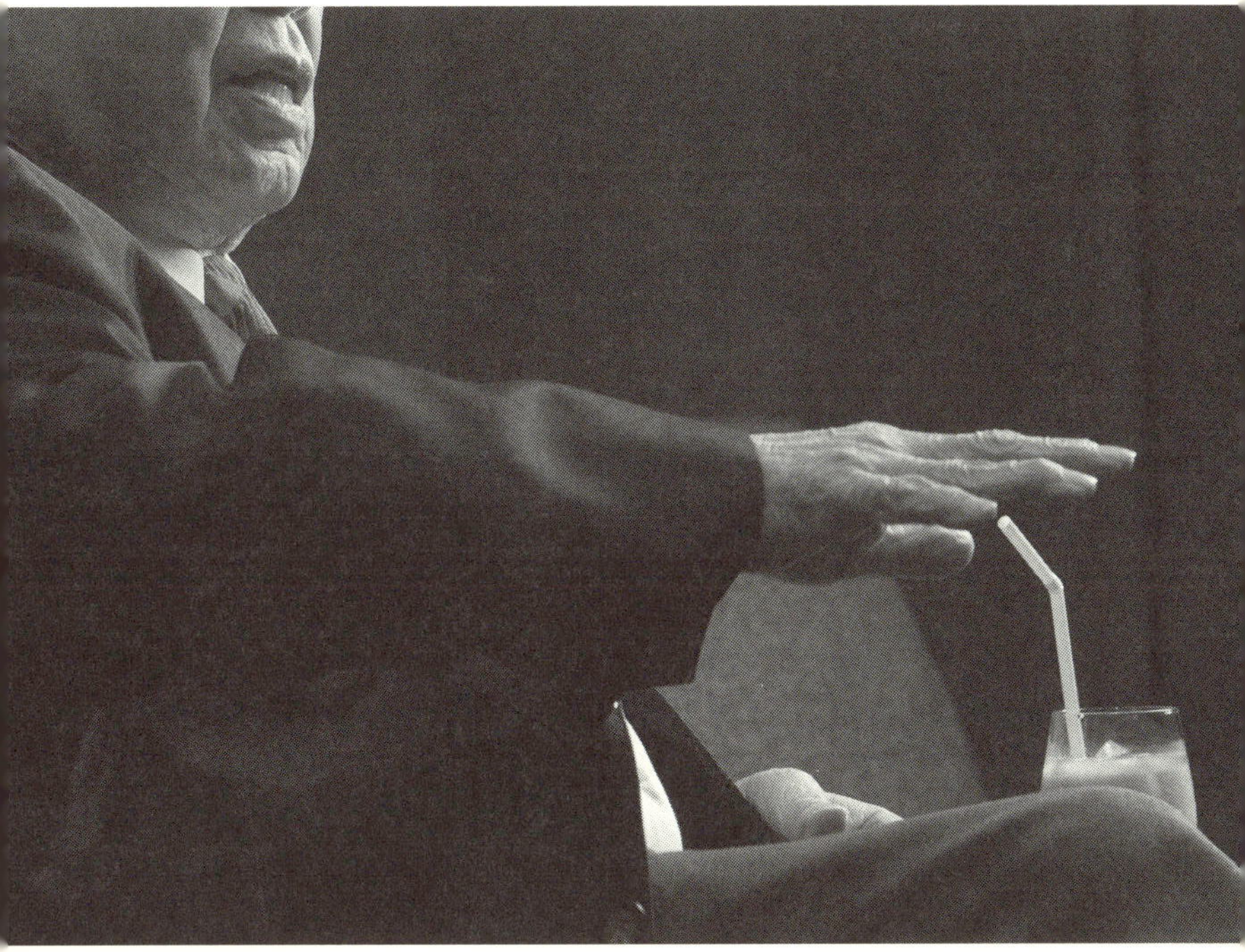

うなる前に武将としての有能さを信長に認めてもらうために、実績を上げなくてはならない。そのためのチャンスが宇佐山城の城将だった。そして、比叡山焼き討ちだったのである。こうした戦いを通じて、光秀は己の家臣団を早急につくり上げる必要もあった。

この時期の光秀は自分の気持ちを封印し、織田家臣として生きぬくことに必死だったのである。この気持ちは、ヤクルトスワローズの監督を引き受けた際の私の気持ちに近い。

私が監督を引き受けたヤクルトスワローズは決して強い野球チームではなかった。戦力的に弱いチームの監督を引き受けたのである。私はこのとき、どうすれば強いチームに勝てるかを真剣に考えた。

野球はチームで戦う。さまざまな選手がいるのだが、必要なことは主役と脇役のバランスがとれたチームづくりだった。だから、選手たちも決して四番やエースになれないからといってやる気をなくす必要はない、と説いた。

選手たちには、自分の勝てる場所を見つけて、そこで勝負することだと語った。

これだけは誰にも負けないという自分自身の強みをつくれと勇気づけた。

光秀の家臣団であれば、鉄砲隊の充実である。織田軍団の中で、鉄砲隊の強さは、光秀軍と滝川一益軍が群を抜いていたのである。

こうした強みをつくれば、チームも個人も道が開けていくのである。

俺のボヤキ⑥

光秀に同情するよ。

焼き討ちなんて、誰もが嫌なはず。

しかし、天才だな、信長は！

義昭追放と光秀の家臣団

坂本城の天守閣も無事完成させた光秀だったが、光秀が最も注力したのは築城以上に近江・滋賀郡の経営だった。

信長から知行地として滋賀郡を与えられた光秀だが、そのほとんどは比叡山の荘園だった。信長が家臣に与える知行地の特徴は切り取りである。秀吉もまた、まだ斎藤龍興が支配する美濃国の土地を切り取りで与えられた。光秀の場合も、比叡山延暦寺の寺領なので、比叡山焼き討ちによって延暦寺を没落させた後に、光秀が山門領荘園の接収を行うのである。

光秀はできるだけ早く接収をすませ、信長の期待に応えようとした。そのため、調査不十分なこともあり、青蓮院、妙法院、曼殊院の門跡領を延暦寺領として没収してしまった。

元亀二（一五七一）年段階では、光秀は京都奉行職についたままだった。この時期の光秀は、織田家官吏としての能力を発揮する一方で、武将としての力量も押し出していた。そのため、己の家臣団の育成にも力を注いでいた。

信長に仕えた当初の家臣団はほぼ七十人だったが、次第に出世し貫高もどんどん増えていく中で、家臣の数も増えていった。滋賀郡を与えられ、坂本城の城主になった頃には、千五百人ほどの直臣を抱えていた。

さらに、直臣に加えて信長から与えられた「寄騎」としての武将・林与次左衛門員清、山岡玉林景猶など五人がいた。この五人の寄騎の軍勢を合わせると三千~五千の軍団になった。


光秀が坂本城主になった頃、信長と義昭の関係は、険悪の一途をたどるほどに勢いを増していた。元亀二年段階で、光秀は義昭から離れようとしたが、義昭から許しを得られず、そのまま両属関係は続いていた。

しかし、滋賀郡の経営に注力すればするほど、義昭との関係は冷めたものになっていった。というのも浅井・朝倉連合軍が信長に抵抗したのは、義昭が操っていたからである。具体的には、浅井長政が堅田の一向一揆と結び、光秀の支配を邪魔していたのである。

つまり、光秀が滋賀郡支配に手こずったのは、義昭の邪魔があったからだ。この頃の光秀には、義昭の近臣という意識はほぼなくなっていた。

元亀四（一五七三）年二月の今堅田城の戦いは、義昭の側近が近江・石山城、今堅田城に立て籠ったのが発端だった。そして、この今堅田城攻めの最大の功労者は光秀だった。光秀はすでに義昭と手を切ったことになる。

信長もすでに義昭を見限ろうとしていたが、ただ一つだけ不安があった。甲斐の武田信玄の動向である。前年十月に甲府の躑躅《つつじ》ヶ崎《がさき》館を出陣し、十二月二十二日に遠江の三方ヶ原で徳川家康を破り、西上途中だったのである。この一点の不安があって、信長は義昭を切り捨てることができなかった。

ところが、信玄は元亀四年四月に信州の駒場で生涯を閉じた。これで信長に脅威はなくなった。一方義昭は信玄の死を知らず、そのため七月に再度、信長に対して挙兵し、結局、立て籠った宇治槇島城を出て信長に降服するに至る。

信長は義昭の降服後、義昭を追放した。追放後の義昭は毛利輝元の世話になることになった。この追放によって、室町幕府は滅亡した。この滅亡は、光秀にとってはプラスになった。伊勢貞興、諏訪飛騨守、御牧景重など「公方衆」と呼ばれた旧幕府衆のかなりが、光秀家臣団に組み込まれることになったからである。

この話を聞きながら、私は足利義昭という人間に興味を持ってしまった。彼は将軍になる前には仏門の世界にいたはずだが、しかし人間教育の欠如が著しいと感じたのである。

リーダーとしての哲学、理想のようなものは何もなく、ただ将軍という古い権威にしがみつき、その権威を復興させるという意識があるばかりだ。しかも、その権威の復興によって世の中をどうしようという夢もないのである。

いつの時代にも人間教育は重要だと思わざるを得ない。プロ野球の世界でも、同様のことが言える。五年に一人ぐらい思わず前のめりになる素晴らしい才能を持つ選手が現れる。大谷翔平しかり、田中将大しかりである。しかし、私がこれまで見た中で、思わず「素晴らしい」と声に出したのは、清原和博だった。

シーズンが始まると、思った以上の好成績を残している。しかし、清原のインタビューを意識して聞いているうちに、プロならではの心に残るコメントがなかったのだ。自らの野球哲学を持たず、生まれ持った素質だけでバッティングをしていたに過ぎないのである。

私は清原のシーズン一年目で、いずれ行き詰まるなと直感した。その後の野球人生において、清原はそこその成績を残すが、タイトルは一度も獲ったことがなかった。また、引退後は、皆さんがご存じの通りである。

私は監督時代には、人間教育に専念した。野球選手である前に立派な社会人たれと語り続けた。思考と行動には密接なつながりがあるからである。

義昭を見ていると、頭を垂れて、人様から学んだ経験がなく、ここまで来てしまった歴史上の人物との印象が強い。だから、この追放劇を体験しながらもまた、毛利の庇護を受けつつ、同じことを繰り返すのである。

俺のボヤキ⑦

義昭は追放になるのか、そうだろうな。光秀の天運は大きく動くだろうな。

ライバルは互いの身を助く

私はこれまでの著書の中で、こんなことを書いている。それは、「王貞治は意識するけれど、長嶋茂雄は少しジャンルが違う」というものだ。

私のホームラン打者としての価値を、すべての面で下げたのが王になるからである。だから、王は嫌なライバル、憎きライバルとも言える。一九五〇年に松竹ロ

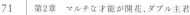

ビンス球団の小鶴誠が年間最多本塁打五十一本の記録を出した。この年はラビットボールを使った年で、この野球ボールは当たるとバンバンよく飛ぶボールだった。あまりに飛び過ぎるので、この年で使用中止になった。

小鶴誠の記録は十年以上破られなかったのだが、私が一九六三年に破り、五十二本打った。「これで、十年くらいはまた名前が残るな」と思っていると、次の年の六四年に王に破られてしまったのである。それも、五十二本の記録を破り、五十三本にしておくならまだ可愛げがあるが、五十五本も打ったのである。王に簡単に抜かれた私は、表向きは「いやあ」と言っていたが、心の中では「このやろう、俺の価値を下げやがって」と思っていた。

さらに、パ・リーグ八年連続本塁打王の記録も、王によってセ・リーグ十三年連続本塁打王の記録で破られ、生涯本塁打数の六五七本も、八六八本で超えられてしまった。まったくもって、王貞治とは嫌になっちゃう存在なのだ。

ここまで来ると半分意地になり、王に仕返ししてやろうと思った。当時は交流戦はなく、仕返しできるのはオールスター戦しかなかった。オールスター戦では、私はパ・リーグのキャッチャーだったので、「王には絶対打たせない」という信念で立ち向かった。

それは、意外と知られていない王にとって不名誉な記録になっている。当時は、王や長嶋のマイナス情報を、マスコミは取り上げなかった。この不名誉な記録とは、オールスター戦二十五打席ノーヒットという記録だ。私の信念によって生まれた記録だったのだ。

当時のパ・リーグの監督は、近鉄バファローズの西本幸雄さんだった。西本さんが「野村、ご苦労さん」と言って、八回でキャッチャーを交代させたのである。それで、東映フライヤーズのキャッチャーに交代し、私は一言、「王に打順が回ってくるんで、王に打たせるなよ」と言った記憶がある。

しかし、一球目にガーンと打たれて、ホームランだった。心の中で、私は「バカ」と叫んだ。

私にも反省点はある。交代時の一言はあくまで依頼であって、指示ではなかった点である。やはり依頼ではダメで、「王にはこう攻めろ」と攻め方の指示をすべきだった。そこが落ち度だったのである。

王の苦手コースを私は知っていた。基本的に、長距離打者は外角を中心に攻めるものである。ホームランを打たれないためだ。ところが、王は意外にインコースをさばくのが下手だった。

しかも、合気道打法。配球を読んだり、ピッチャーの癖を見つけたり、球種を絞ったりは一切していない。来たボールを叩くというバッティングだった。だから、ストレートしか待っていない。ところが、セ・リーグを見ていると、王に対しては外角中心に攻めていたのである。そこで、王にガーンとやられていたのだ。

ここで、「ただし」がある。インコースの真っ直ぐはダメ。読まない、絞らないという打者なので、インコースを攻めるほうがいいのは確かだ。ただし、そのときは、今でいうカットボールを使い、「ちょっと変化をつける」というのが重要だ。そういう球は、打たれてもファールになる。

問題は仕上げである。私の場合は、外角のボールゾーンから外角いっぱいに入ってくるスライダーを使うか、ベース上のシンカー、フォークという落ちる球をひっかけさせてセカンドゴロを狙っていた。

長嶋の攻略法は恥ずかしい話だが、見つけられずじまいだった。あれは天才。長嶋さんに悔しい思いをさせられたこともなく、天才はライバルではないと思っていた。

それにしても、ライバルとはありがたい存在だと思う。王がいたおかげで、私は六五七本ものホームランを打つことができたからだ。喜びと悔しさを味わうことができる存在は、自分自身を成長させることができるものだ。

その意味では、本書の主役である光秀と秀吉もまたよきライバル関係だったと言えるのではないか。江戸時代に描かれた書物の中に、この二人を比較したものがあった。その書物では、二人は対照的に描かれていた。

光秀は謹厳実直で、いつも慇懃な姿勢を崩さなかった。一方、秀吉は豪放磊落《ごうほうらいらく》で、それゆえ傲慢だったと書かれている。秀吉と光秀の共通点は、織田家臣団の中では、転職組だったことだ。生え抜きの柴田勝家、丹羽長秀、佐久間信盛らに比べると、当初から大きなハンディを持っていた。

秀吉は城中の雑用係を務めながら、もちまえの知恵と才覚でトントン拍子の出世を成し遂げた。そして、生え抜きの柴田勝家らと肩を並べるまでになった。光秀は、各地を転々と渡りながら、朝倉義景に仕え、足利義昭を信長に斡旋する代償として信長家臣に加えられた。信長は、有能な家臣をスカウトした形である。しかも、光秀は信長だけではなく、義昭にも仕えるという、織田家臣団の中では特殊な位置づけである。信長が門閥主義、年功序列の人使いをしていたら、秀吉、光秀はこれほど早く出世することはなかった。

信長は、転職組として互いに同期のライバルという意識を持っていた光秀と秀吉を競わせた。二人のライバル意識をうまく利用したのが信長だったのだ。二人は互いに競うことで、信長の「天下布武」を実現させようとした。

俺のボヤキ⑧

ライバルはありがたい存在だが、
そう思えるようになるには、
時間がかかるな。

第3章

絶頂の四十代、疑心暗鬼の五十代

勝者と敗者を分かつもの

丹波攻略こそ武将としての誇り

何事につけても慎重な私だが、しかし「これだ」と思ったら、時には他人の言葉に耳を貸さず、我が道を行くことも必要だと思っている。信長の「桶狭間の戦い」がそうだろう、光秀にとっての「敵は本能寺にあり」がそうであり、その後の、秀吉の「中国大返し」がそうなのだ。

ここまで、光秀の人生をともに歩いてきた私だが、光秀との共通点を幾つか見つけ出している。その一つが、〈想像して、実践して、反省する〉。反省をしっかりとすることで、成功が確実に見えてくるという考え方である。光秀も、私も元来は慎重な人間なのだと思う。

王貞治もそうかもしれない。しかし、長嶋茂雄は天才だから感性が無意識に「想像して、実践して、反省する」を行っていたに違いない。上杉謙信も似たようなものだ。毘沙門天を崇めた彼は祈りながら、信心の中でそれを行っていたのである。

光秀は歴史に名を遺す武将であり、私はイチ野球人でしかない。キャッチャーで生きてきた。キャッチャーはつくづく因果な商売だと思う。毎日飽きることなく、野球の筋書きばかりを書いているからだ。

私がよく話す話に、「キャッチャーは一試合で三試合分の試合をしている」というのがある。試合前の想像野球、実際の試合における実践野球、そして試合後の反省野球である。試合前には、相手打線の並びや打者のタイプを見極めて、どう攻めるか具体的に考えることが大切だ。そのシミュレーションをもとに試合でピッチャーをリードする。

しかし、想像の通りに行かないのが現実なので、試合後一球一球の配球と結果を思い出し、反省野球をするのだ。私の場合、この反省野球をしないとキャッチャーとして翌日戦えない。面倒だがこの繰り返しが、野球選手としての成長を促すのである。野球というスポーツはそもそも考えるスポーツなのだ。

武将の場合も同じだと思っている。当時の戦国武将たちの中には、文字もろくに書けず、論語など読んだことがないという武将がざらにいた。しかし、彼らは戦話をすることで、戦のシミュレーションや反省会をしていたのだ。まさに、耳学問である。

光秀は教養のある武将だったので、戦いの前後には私の場合と似たような思考を繰り返していたはずである。

さて、光秀の人生もいよいよ佳境に入ることになる。天正三（一五七五）年という年は、信長にとっても、光秀にとってもターニングポイントになった一年である。

信長にとってみると、五月に三河で長篠の戦いがあり、宿敵武田信玄の子、勝頼を破った。息の根を止めるまではなかったが、武田の騎馬軍団を三千丁の鉄砲隊を活用し、完膚なきまでに打ち倒した。この戦いにおいて、武田は信玄以来の功臣を多数失った。これで、東方の脅威はひとまず消えた。

岐阜に凱旋した信長は、丹波攻めについてさっそく考えた。ようやく西および北に目を向ける余裕が生まれたのである。京都を押さえてはいたが、中国地方、北陸地方のほとんどが手つかずだった。

信長の史料を読むと、長篠の戦いの前から丹波攻めの総大将は光秀と決めていた。同年六月に入ると、光秀に丹波攻めの総大将を命じて、すぐにでも丹波への出陣となるはずだった。しかし、光秀が進軍できない事情が出てきた。

越前での一向一揆の討伐だった。この討伐には信長自らが出陣し、光秀も動員を余儀なくされたため、丹波攻めはひとまず後回しになった。

総大将になった光秀は、信長から京都奉行職を解かれた。浅井・朝倉連合軍との戦いを通じて、信長は光秀の奉行という官吏ではなく、武将としての資質に注目したのであった。

光秀の、元亀元(一五七〇)年四月の金ヶ崎の退き口、元亀二(一五七一)年九月の比叡山延暦寺焼き討ち、元亀四(一五七三)二月の信長と対立した今堅田城攻め、天正三(一五七五)年八月の越前一向一揆討伐に華々しい活躍を見たのである。

一方、丹波攻めの総大将となった光秀は、丹波の地形を見ながら、どういう戦術で攻略したらよいかを考えていた。丹波という国は山岳の小さな盆地ごとに、豪族たちが砦を築いていた。それぞれの砦、城の守りが堅く、力ずくで攻略しようとすると、味方の損害も著しいものになると考えられた。

そこで、光秀は力攻めの戦いは極力避けて、交渉を繰り返し、調略をもって豪族たちを味方に引き入れる作戦をとった。そして、五年目の天正七（一五七九）年に丹波平定を果たし、光秀は同年十月に信長に報告をするため安土城に向かうことになった。

信長からは激賞されて、丹波を領地として与えられ、光秀は満面の笑みを残し安土城を去った。信長に仕えて十一年後のことだった。光秀が一番輝いていた瞬間である。

俺のボヤキ⑨

光秀の人生にとって、丹波攻略とは、栄光の架橋だな。

そういえば、そんな歌があったか？

丹波攻略の五年間で明智家臣団がよいチームに

丹波国とは京都のすぐ隣にある国であるが、天正三(一五七五)年段階で信長の勢力圏に入っていなかったのか、という驚きと疑問に対して、次のような説明がなされる場合が多い。

それは、元亀四(一五七三)年七月までは、丹波国のほとんどは信長の勢力圏内だった。しかし、同年七月に信長による義昭の京都追放によって室町幕府が滅亡したことで、事情が大きく変わり始めたのである。

追放前まで、信長に従っていた丹波の有力国人領主・荻野直正が信長から離反したのが引き金であった。荻野氏は隣国である但馬国の一部まで勢力が及ぶ丹波の一大勢力だった。ほかに、丹波守護代だった内藤氏、宇津氏も信長から離れた。

こうした状況変化によって、このまま何も手を打たない状態が続くと、丹波国のためにも、信長もそのままにしておくわけにはいかず、丹波経略に乗り出したのである。

明智家臣団

明智光秀

- **一族衆**
  明智秀満・明智光忠・妻木一族など
- **譜代衆**
  斎藤利三・藤田伝五・溝尾庄兵衛・奥田宮内・三宅藤兵衛・進士貞連など
- **西近江衆**
  和田秀純・磯谷久次・林員清・居初又次郎・猪飼野昇貞・馬場孫次郎・山岡景佐など
- **山城衆**
  渡辺宮内少輔・佐竹出羽守など
- **丹波衆**
  荻野彦兵衛・野之口彦介・荒木氏綱・松田太郎左衛門・四王天但馬守など
- **公方衆**（旧幕府衆）
  伊勢貞興・諏訪飛騨守など

参考文献　谷口克広『信長の司令官』（中央公論新社）

この丹波攻略によって、明智家臣団の結束はより一層強まった。明智家臣団は六つの家臣集団から構成されていた。まずは、「一族衆」であるが、ここには琵琶湖渡りで有名な娘婿である明智秀満や光秀の正妻・煕子の実家にあたる妻木一族などが名を連ねる。

「譜代衆」は、光秀の右腕と言われた斎藤利三などである。美濃国出身で光秀とは親戚筋にあたる。

「西近江衆」は浅井・朝倉連合軍と戦っている時期に、信長に降服した武将たちだ。信長が光秀に滋賀郡を与えた際に、光秀の家臣団に組み込まれた。もともとは外様家臣団だが、天正十(一五八二)年の山崎の戦いでは、勇猛果敢に光秀を支え秀吉と戦った。猪飼野昇貞は琵琶湖水軍の棟梁で、六角氏、浅井氏に従い、最後は信長、光秀の家臣となった。

「山城衆」と「丹波衆」もまた「西近江衆」と同じような経緯で家臣団に組み込まれた。そして、最後に挙げられる「公方衆」は旧幕府衆で、義昭の京都追放後に、光秀の家臣になった。

光秀の家臣団は丹波攻めを通じて、よいチームワークを発揮し、本能寺の変、山崎の戦いを通じて、天下を狙う軍団に育っていったのである。

光秀は秀吉のようにパフォーマンスに優れた派手な立ち回りをするリーダーではない。沈思黙考で思慮深いタイプのリーダーである。私もまた二十数年監督をやらせていただいたが、リーダーを考えるときにヤクルトスワローズの監督だった頃のことが一番印象に残っている。

九年間監督を務めたが、四回リーグ優勝を経験した。しかし、すぐに結果が出たわけではなく、最初の一年は前年と同様五位。翌年は三位で、三年目でやっと優勝することができた。そして、次の年も優勝し、連覇を経験した。日本シリーズも制覇して、日本一になった。

ここまでは、我ながらなかなかの出来だと思うのだが、その後が情けなかった。四位、優勝（日本一）、四位、優勝（日本一）、四位という成績だった。優勝した次の年は決まって四位が定位置になってしまった。

その原因を考えると、どこかで私自身に油断があったと思っている。優勝をした時点で責任を果たしたとホッとしてしまい、全身から力が抜けてしまっていた。もちろん、そんなことは選手には言わないし、態度にも出していないつもりだが、知らず知らずのうちに選手に伝わっていたのである。

そこから得た私の教訓は、リーダーが考えていることは、言葉に出さなくても、知らず知らずのうちに選手たちに伝わるものだということだ。真のリーダーとは、一時も気が抜けないし、抜いてはいけないのである。

リーダーの本質は業界や時代を問わず、一緒だと思っている。その意味で、「V9」を達成した巨人の監督だった川上哲治さんは尊敬している。彼はどんなに連覇が続いても油断せず、気を抜かず、そして自分の気持ちを体現していた。王貞治、長嶋茂雄という「ON」を育て上げた力量は、すごいとしか言いようがない。

ほかの選手たちが、つねにONの姿から学び、一層奮起するように仕向けたのだ。そんなONを手本とするチーム体制をつくり上げた、川上監督のリーダーとしての器の大きさを学ぶべきである。

戦国という時代状況を考えると、光秀という武将はもちろん私以上に、場合によっては川上さん以上に器の大きなリーダーだったと思う。

俺のボヤキ⑩

光秀の話を聞いて、俺の思いを語っているけれど、かみ合っているかな？

初めての挫折〜天正四年の黒井城の戦い〜

天正三（一五七五）年十一月、光秀を総大将とする織田軍が丹波へ攻め入った。

攻撃対象は、信長に反旗を翻した荻野直正の居城である黒井城だ。

甲斐の武田勝頼、石見の吉川元春と連絡を密にしながら、黒井城の荻野直正は光秀と戦おうとしていた。荻野直正は武田、吉川とともに、いわゆる反信長統一戦線を組んだ。織田軍は、この戦線を打ち破るために丹波攻めを急務とした。同年十一月に光秀は、但馬国の竹田から丹波の氷上郡を経由して攻め入った。

実は、黒井城の戦いは天正三年と天正七（一五七九）年の二回にわたって戦われた。天正三年の戦いは十一月から始まり、翌天正四（一五七六）年正月にかけて戦われていた。光秀軍の中には、丹波八上城の波多野秀治も加わっていたため、丹波の国衆がこぞって加わった。

光秀は戦いながら、勝利を確信していた。しかし、要害堅固な山城である黒井城への攻撃は、光秀の思惑通りに行かなかった。黒井城を包囲した光秀軍だが、安易に落ちなかったのである。結局、年を越して翌天正四年正月に黒井城攻めは失敗に終わる。頼みにしていた波多野秀治が突然、裏切ったのである。

丹波国の主な城

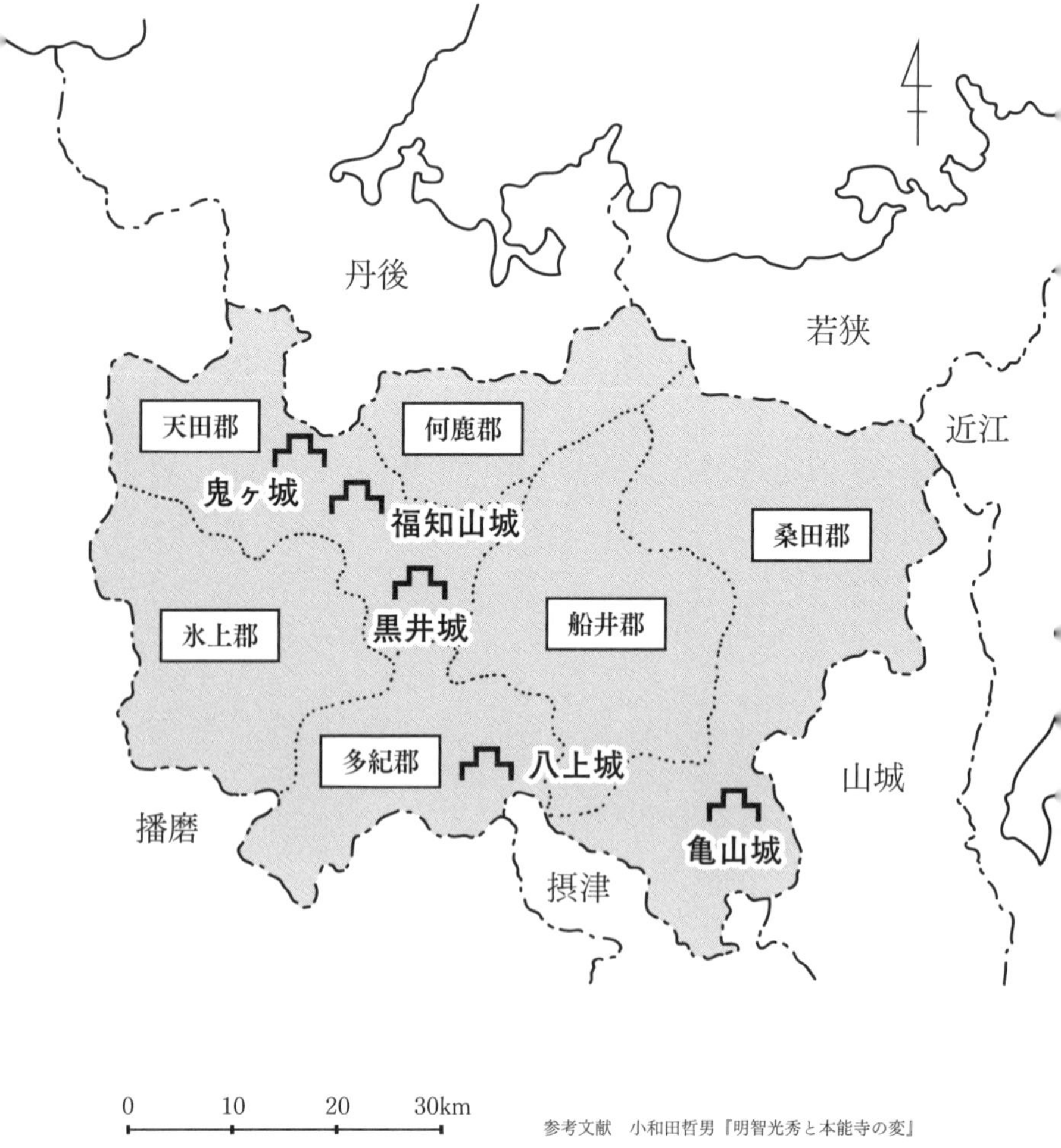

参考文献　小和田哲男『明智光秀と本能寺の変』

光秀は驚き悔しがりながら、坂本城に落ち延びた。光秀にとって初めての挫折である。波多野秀治の離反で、荻野直正を追い詰め勝利が目前に迫りながらも黒井城を落とすことができなかった。光秀は坂本城で態勢を立て直し、再度丹波に攻め入ろうとした。

信長はこのたびの光秀の敗走を責め立てなかった。通常であれば、別の部将が派遣されてもおかしくないのだが、そのまま光秀に丹波攻めの大役を任せた。信長には黒井城を攻め落とす手立てや条件が整っていないこともあり、しばらくは光秀の様子見となったのである。

再度丹波に攻め入ろうとした光秀だが、信長は石山本願寺に攻め入り、翌天正五（一五七七）年二月には紀州雑賀攻め、十月には松永久秀の離反討伐があり、立て続けに光秀もまたその戦いに参陣した。

丹波攻めだけに力を注ぐことはできなかったのである。光秀にしてみると、天正四（一五七六）年から天正五（一五七七）年にかけてはジリジリとした焦りに近い気持ちがあったと思われる。

まったく関係のない話になってしまうが、かつて「南海ホークス三悪人」と言われた三選手がいた。その筆頭は江本孟紀、門田博光、江夏豊である。あくまで、「南海ホークス三悪人」とは、私の中で命名したものである。

江本は今でも野球解説者としてたびたびテレビに出演しているが、かなりやんちゃな選手だった。のちに、阪神でも活躍した。門田はフルスイングしか頭にない男で、四十代過ぎて本塁打王を獲得した。そして、江夏。江夏は、江本とは逆に、阪神から南海に来た選手だ。江夏は付き合いづらい、指示を出しづらい選手だった。

試合中も「右」のサインを出すと「左」に投げてよこす選手だった。江夏はその後、「日本経済新聞」に掲載されている「私の履歴書」の中で、私に感謝していたようだが、感謝するのが遅いのだ。まあ、冗談だが。

江夏は南海ホークスに来てよかったのか、悪かったのかは知らないが、相当な変人であることは間違いない。彼が南海に来たときには、肩を壊していた。「どうしたんだ?」と私が聞くと、江夏は「もう先発完投は無理だ」と言うのである。それ

でトレーナーに話を聞くと、血行障害で「三十球が限度だ」という結論になった。私は「それじゃ、先発はやめて、リリーフしかないじゃないか」と言って、ストッパーにしたのである。当時はまだ、「ストッパー」という言葉もない時代だった。「リリーフ」というと、イコール二流投手という時代だった。

江夏には相当抵抗があったと思う。私は球場に行くたびに、江夏を見つけ、つかまえて、説得を続けた。そのうち、私が近づくと、江夏は逃げるようになった。今でこそ、先発、中継ぎ、抑えというシステムになっているが、当時はあくまで先発完投するピッチャーだけが評価された時代である。

江夏はプライドが高い。その彼に、私は、「お前、リリーフ分野で革命を起こしてみい」と言ってやった。「革命」という言葉に、江夏のプライドが反応したのである。江夏は「革命か」と言うので、私は「そうだ、革命だ」と繰り返した。そして、「じゃあ、わかった。やる」と江夏は決断したのである。昭和五十一（一九七六）年のことだった。

それから三年後の昭和五十四（一九七九）年、江夏は広島カープのストッパーとして、マウンドにいた。日本シリーズ、近鉄対広島の第七戦九回の裏である。試合は広島ペースで進み、広島が四対三でリード。近鉄は九回の裏で最後の攻撃だった。近鉄は、七回から登板したリリーフエースの江夏を攻めてノーアウト満塁で、一打逆転のチャンスだった。

近鉄の西本幸雄監督は一塁ベンチでニヤッと笑っていた。しかし、ここから伝説が生まれた。「江夏の二十一球」である。そして、見事、広島が日本一になったのだ。勝負が終わるまで監督は笑顔を見せてはいけないというのに、西本監督は一瞬だが笑った。ここに、「油断」があった。勝負の世界で、勝ったと思った瞬間が一番危ないのである。

光秀の黒井城攻めもそうだった。しかし、ピンチこそチャンスなのである。南海ホークスに来た当時の江夏は投手として絶対的なピンチだった。しかし、リリーフエースとして転生し、伝説を生み、プロ野球史に名前が残る選手になったのである。まさに、チャンスとなった。

光秀は黒井城攻めの失敗をどうチャンスに変えるのだろうか。

俺のボヤキ⑪

プレジデント社の
書籍編集部長に乗せられたかなぁ。
光秀の挫折話と江夏の話は、
つながってる？ つながってるか。

天正七年八月、ついに丹波平定

天正五（一五七七）年十月、信長に謀反を起こした松永久秀を信貴山城で攻め滅ぼすと、光秀は軍を休めることなく丹波に向かった。亀山城の戦いである。

亀山城だが、天正三年の越前一向一揆討伐の論功行賞によって、光秀の組下大名であった細川藤孝に与えられていた。しかし、実際には反信長勢力である内藤定政が居座っていた。細川藤孝、忠興親子と協力し合い、光秀は激しく攻め立て、これを落城させた。

信長は内藤定政と亀山城の処分を光秀に任せた。そこで、光秀は内藤定政とその家臣をすべて許し、光秀軍の家臣団に加えた。この温情ある処置を見た丹波国衆たちは光秀の傘下に入った。

光秀は亀山城を丹波攻めの拠点にすべく、新しく構築することにした。地方の小さな城を惣堀の大規模な城につくり変えたのである。加えて、天正五年には、多紀郡の大部分を制圧し、黒井城の敗北からやっと立ち直った。

天正六（一五七八）年三月からは、丹波国における反信長勢力の有力武将である波多野秀治の居城・八上城攻めが始まった。この城は多紀郡の要の城だった。波多野秀治は一度、信長に帰順したが、前回の黒井城攻めの際に離反した武将だった。光秀としては一日も早く八上城を落城させる必要があった。

このときに、信長自らが出馬するはずだった。信長は一気に平定したいと判断したのである。しかし実際には、出馬は取りやめで、滝川一益、丹羽長秀、細川藤孝が光秀を助けて出陣した。光秀は八上城を囲むが、天険の地の山城を落城させるのは簡単ではなかった。

この時期の光秀は、先述した通り、信長の命令で幾度も転戦させられていた。石山本願寺の戦いもその一つだった。この戦いは摂津で行われ二日間で状況が好転したので、光秀をはじめ応援部隊はまた丹波攻めに集中した。

光秀は八上城をいきなり攻めることはせず、その周辺の城を一つひとつ落としていった。その上で、光秀と応援部隊の長秀、一益部隊は八上城に総攻撃を仕掛けた。

しかし、その直後、またもや信長から秀吉が苦労している播磨への転戦を命じられた。戦局は非常に厳しかったが、秀吉は天正五年十月に播磨に出陣し、十二月には播磨と備前、美作の国境近くにある上月城を落とす。

しかしながら、宇喜多直家に攻められ、上月城を取られてしまった。上月城は対毛利との戦いで重要な拠点になる城だった。そのため、天正六年三月、秀吉は城を奪還し、このとき信長は打倒毛利に燃える尼子勝久、山中鹿之助幸盛主従を城に入れた。

しかし、それが裏目に出てしまった。毛利輝元を刺激し、輝元は同年四月、ただちに吉川元春、小早川隆景に命じて三万の軍勢で尼子討伐へ向かった。

秀吉の最大動員兵力は一万だったため、信長は、光秀、一益、長秀らに丹波攻めを中断させて、播磨へ応援部隊として差し向けた。光秀は、四月から六月まで播磨で参戦したのである。それからしばらくして坂本城に戻り、今度こそ八上城の攻略を考えていたが、その矢先に荒木村重の謀反が発覚した。光秀は丹波攻めに専念できる状況ではなかったのだ。

八上城を包囲したままで、光秀は転戦のために移動した。翌天正七（一五七九）年三月から八上城攻めが本格化した。光秀は包囲網を狭め、城攻めを強行した。しかし、その一方で降服するように勧告もしていたのである。

この二面作戦によって、最終的には調略が功を奏し、天正七年六月に、城主・波多野秀治、秀尚兄弟は降服した。兄弟は安土に護送され、そこで磔にされた。

八上城の開城で、光秀の丹波攻めも平定の最後の山場を迎えた。光秀は再度、黒井城の荻野直正を攻めることにした。天正七年八月からである。しかし、荻野直正は天正六（一五七八）年三月に死して、二回目の黒井城の戦いはその子、直義との戦いになった。

黒井城をいきなり攻めず、荻野氏の第二拠点である鬼ケ城を攻めた。その上で、八月に黒井城を落とすことに成功した。この黒井城の落城で、丹波平定のめどが立ったように思う。

俺のボヤキ⑫

石山本願寺、播磨攻めなど、
光秀よ、転戦はきついなぁ。
終いに、荒木村重の謀反。
体もきついが、心もきついな。

織田軍団の〝近衛師団長〟

光秀が黒井城を陥落させたのが天正七（一五七九）年八月。その二カ月後の十月に、安土城の信長に丹波平定を報告し、信長から激賞された。そして、恩賞として丹波一国を与えられた。近世石高で換算すると二十九万石である。それまでの知行地である近江国滋賀郡の五万石を加えて、三十四万石の大名になった。

その後、光秀の丹波での領国支配は亀山城を本城として推し進めた。天正三（一五七五）年越前一向一揆攻めの恩賞として、細川藤孝に桑田郡と船井郡を与えていた信長は、その代わりに丹後国一国を与えた。丹後国はもとから信長の勢力圏内の国だった。

光秀は坂本城と亀山城を本城とした。そのどちらもが信長の居城である安土城よりも京都に近かった。織田家臣団の中で、京都に一番近いところに城を与えられた光秀だが、ここに信長の光秀への厚い信頼があったのである。

この時期、長きにわたる信長の「天下布武」の戦いに成果が現れ出した。天正八（一五八〇）年正月、秀吉は播磨の三木城を陥落させた。秀吉による毛利攻めにあって、まま苦戦を強いられたのは、播磨の有力武将である別所氏が三木城に立て籠って応戦していたからである。さらに、同年三月には十一年信長に抵抗し続けてきた石山本願寺の顕如が屈服した。講和に応じる形での降服である。

こうした戦いの中で、光秀、秀吉の二人の働きは抜群で、信長を大いに満足させた。と同時に、信長は石山本願寺攻めの中心的な部将だった佐久間信盛、信栄父子を追放した。織田家譜代の重臣である佐久間氏だったが、その働きに大いに不満だったのである。ここに、信長の人事の厳しさが現れる。

信長は、光秀と秀吉、どちらも称賛した。しかし、先に称賛したのは光秀だった。秀吉の場合、播磨、備前、但馬と数カ国を手中にしていたのに対し、光秀は丹波一国だけだったが、それは光秀の働きを重要視してのことである。それほど、丹波平定は難しい戦だったのだ。

光秀は天正三年の丹波攻めの総大将でありながら、その任に加えて織田家の遊撃隊、あるいは信長の親衛隊のような責務も負って、信長の指令によって転戦を繰り返したのは先述の通りである。

天正五（一五七七）年頃から織田軍団の中では、部将ごとに持ち場が明確になってきた。北陸の上杉謙信担当は柴田勝家が、中国の毛利輝元担当は羽柴秀吉が、家臣ではないが、同盟者・徳川家康は武田勝頼担当に、摂津の石山本願寺担当は佐久間信盛が、と決められていた。

丹波攻めはあったが、光秀は勝家、秀吉に比べて京都に近い丹波を担当していたため、小回りのきく立場だった。これまで遊撃隊、親衛隊の中心部隊だった滝川一益、丹羽長秀とともに転戦を重ねた。

信長による佐久間信盛の追放後、その与力だった部将たち、摂津の池田恒興、中川清秀、高山右近、大和の筒井順慶らは光秀の与力になった。畿内周辺諸国の部将たちのかなりの数が光秀の与力、組下大名になったことで、光秀の立場は「近衛師団長」のようになったのだ。

信長と光秀の蜜月時代

天正八（一五八〇）年は中国の毛利と対面している秀吉を除くと、織田家臣団にとってはホッと一息つく一年になった。北陸ではその二年前に軍神・上杉謙信が急病で倒れ、そのまま帰らぬ人となった。その後、謙信の養子の二人、上杉景勝と北条氏康の七男である上杉景虎が後継者争いをしていた（御館の乱）。

さて、天正八年から天正九（一五八一）年にかけての信長と光秀の関係は、信長は光秀を気遣い細やかにして尊重し、光秀は信長を深く尊敬していた。二人の関係は利害が一致した蜜月時代とも言える。

それなのに、その一年後の天正十（一五八二）年六月になぜ、「本能寺の変」は起こったのだろうか。蜜月の後、二人の間の溝がどんどん広く深くなっていくのである。

武将としての優れた資質とともに、光秀は領国経営においても非凡な才を発揮した。まず、滋賀県大津市に残る慈悲深い光秀の逸話がある。坂本城があった大津市には、天台宗一派である天台真盛宗の西教寺がある。

西教寺は戦乱で一度、焼き払われ、その後、光秀によって再建された寺である。この寺には、光秀が家臣のために奉納した筒が残っていて、光秀が寄進した「青銅経筒」と呼ばれている。これは、光秀が戦死した家臣たちの供養のために奉納したのであった。

供養米を寄進する書簡がこの筒に入っていたという。侍大将から足軽まで姓名が一人ひとり書かれていて、身分にかかわりなく平等に扱われていた。ここに、光秀の考え方の根幹が現れているように思う。

次に、京都丹波の福知山では、夏になると福知山音頭を踊ることが何よりも人々の楽しみであった。「明智光秀　丹波を広め　広め丹波の　福知山」という歌詞があり、この地域の発展に尽くした光秀を現在もまだ讃えているのである。

天正八年から光秀は戦乱で荒れ果てた丹波国の復興に力を注いだ。河川を改造し、いったんは逃散した領民を呼び戻し、保護したのである。光秀は敵対していた国人たちへも慇懃な態度をとった。そして、降服する者を家臣として取り立てるなど、寛大な措置をとった。

亀岡においても、光秀はこの地域の発展の基礎を築いた武将として慕われている。光秀の人間性を考えると、信長の場合は「鳴かぬなら殺してしまえホトトギス」という非道で非情なところがあった。信長は敵だけではなく、自分の家臣に対しても厳しい態度で臨んだ。一方、光秀の場合は人間的な優しさを持った武将と言えるのではないかと思う。

天正八年は丹波国、近江国滋賀郡の領国経営に専念した光秀だが、天正九（一五八一）年に入ると、信長から安土左義長《さぎちょう》の準備担当を任命された。左義長とは、小正月に行われる火祭り行事である。引き続き二月には、京都御馬揃えの運営統括の総責任者を信長から任された。

信長は馬揃えを見た人たちを対象にしただけではなく、その評判が広く諸国に行きわたることを計算し企画したようだ。見物人は当時の記録から割り出すと、二十万人とも言われた。その中には、公家衆をはじめ、正親町《おおぎまち》天皇も入っていた。

この馬揃えは、信長にとって煌びやかで華々しい大軍事パレードになった。このパレードは三月五日にも行われた。信長がこのようなパレードをした意図については、歴史の解説書では、正親町天皇に譲位を迫る意図があったと書かれていたが、「明智光秀を語る」本書にとっては、このあたりの信長の政治的意図についてはあまり関心がない。むしろ、このパレードを通じて、統括総責任者である光秀が織田軍団の中で、信長につぐナンバー・ツーにあったことが重要である。

それから三カ月後の六月二日、光秀は織田家にはこれまでなかった軍法を『明智家法』として制定した。光秀はこの軍法を家法として定めた。この軍法の「後書き」には、「瓦礫のように落ちぶれ果てていた自分を召しだしそのうえ莫大な人数を預けられた。一族家臣は子孫に至るまで信長様への御奉公を忘れてはならない」という信長への感謝を書き残していた。

この感謝の言葉を記した天正九年六月二日とは、「本能寺の変」のちょうど一年前である。「信長様に感謝、感謝」の文言で、謀反の「む」の字もない。光秀は恵まれない境遇にいた。光秀は乱世の世に大志を持っていた。大志とは、己ならばこうしたいという志であり、言葉を変えていえば野望である。

しかし、誰も自分を取り立ててくれない。こうした不遇の中で信長と出会い、信長は門地を問わず、前歴も問わない。その人物が持つ能力のみを評価する、当時としては珍しい武将だった。

光秀を見て、すべてを気に入ってしまった。信長にとって光秀は最初に城を与えた家臣だった。しかも、光秀は今でいうところの中途採用。中途採用でありながら、いきなり厚遇をもって対処されたのである。

さらに翌天正十（一五八二）年一月の茶会でも、「床の間に信長自筆の書を掛ける」とある。光秀は信長から「八角釜」という茶道具の名品を与えられ、その茶釜を使って盛大な茶会を開いた。信長から茶道具を与えられ、茶会を開くことは家臣たちからすると極めて名誉なことだった。

こうして信長と光秀の蜜月時代は長く続くかのようであった。

俺のボヤキ⑬

『明智家法』と「本能寺の変」が一年違いの六月二日。何があったんや、光秀!?

光秀の心に忍び寄る「疑心暗鬼」の瞬間

信長は天才と言われている。天才であるがゆえに、信長は基本的に家臣からの意見を聞かない。つねに、一方的に、家臣たちに指示・命令を出した。信長の家臣たちは、「天下布武」による天下統一という大目標に対して、いかなる犠牲をも払うことを求められた。

ここに、天才がリーダーになったときの悲劇が内在されている。私が天才と言うと、すぐ長嶋茂雄を例に出す。私は現役時代、囁き戦術で、相手打者の調子を崩したり、集中力の邪魔をしたりしてきた。

しかし、この戦術は、長嶋にはまったく通じなかった。

オールスター戦のときに、長嶋の耳元で、「最近、バッティングフォームがおかしいんじゃない」と囁くと、「そう？」と言って素振りを二〜三回した後で、ホームランを打って、ホームベースに帰ってくるなり、「ノムさん、ありがとう」とお礼を言って去っていったことがあった。

この天才、現役時代はよかったが、監督になってからは苦労したはずだ。考える前に勝手に体が動いて、ホームランをかっ飛ばしたり、ヒットを打ったりした。だから長嶋には、打てない打者の気持ちがわからないはずである。わからないから指導できなかったと思うのだ。

天才つながりで、ここで長嶋を持ち出し、信長と同列に論じられてはいくら長嶋でも嫌だろうと思う。なので長嶋から離れることにする。

ここで一つの設問を用意したい。それは、「監督の何によって、組織は変わるか」という疑問である。皆さんはどんな回答を考えるだろうか。

私は「説得力」だろうと思う。そして、この説得力は最終的には「信」につながる。リーダーに信用、信頼があると、同じことを言われてもその受けとめ方が全然違うのである。そこそこ戦力となる選手が揃っていれば、「信」のある監督が就任すると、すぐさま強豪チームに早変わりできる。

「信」があって、正しい采配を当たり前のように振り、選手たちが全員チームプレーに徹すると組織が強くなるものだ。これは野球に限らず、すべての組織に共通する定理だと思う。

さて、信長はどうだったか。政権ビジョン、そのための戦略、戦術から見れば、家臣たちの信長への「信」は厚かっただろうと思う。しかし、それだけでは、本当のリーダーにはなれない。信長には、家臣の言葉にならない思いを受けとめる胆力がなかった。あるいは、弱かった。胆力という点では、足利尊氏はリーダーとして仰ぎたくなる真のリーダーだと思う。

天正十(一五八二)年三月に、宿敵だった武田勝頼を天目山の戦いで滅ぼした。武田家滅亡によって、信長の天下統一事業は大きく前進することになる。武田領に乗り込んだ織田軍は勝利の宴を開いた。

その宴で、光秀の一言がとんだ混乱を生むことになった。光秀が「上様、我らも年来骨を折り、ご奉公した甲斐がござった」と言ったのである。普通であれば、「光秀の申す通りじゃ」と信長が答えて終わりというところであったが、信長は「何、光秀。こやつ、いつどこで骨を折ったと申すのじゃ」と激しく怒り、厳しい折檻を与えたのである。

信長が光秀にねぎらいの言葉でもかけていたら、三カ月後の「本能寺の変」はどうなっていただろうか。九カ月前の前年六月に『明智家法』で、このように暮らせるのも信長様のおかげと書き記した光秀からすると、先ほどの一言によって眉間を打ちつけられてしまったことで、光秀の心には疑心暗鬼の瞬間が生まれたに違いない。

少なくとも、折檻を加えられたことで、光秀の心には信長が目指した世界と光秀が目指した世界は違うのかとの思いが芽生えたに違いない。信長は自らが考えた「天下布武」を旗印に、己の才覚で周辺諸国をここまで切り従えてきた。一方、光秀や部下たちはそのための道具に過ぎないと信長は見ていたのである。そのことが、光秀にはわかったのではないか。

しかし、光秀自らも参加した天下布武である。自分にもまた、新しい世の中を切り開くため一翼を担ってきた自負があった。

主君・信長の考えと、家臣として忠節を尽くした己の立場の違いが露わになる。そのとき、光秀はこう思ったに違いない。

「そうか、荒木村重の謀反はこの気持ちから生まれたのか」

光秀の疑心暗鬼の瞬間から生じた主君・信長との溝は、次第に広く深くなっていったのである。

武田家滅亡後の五月、天下統一までもうすぐと見た朝廷は、信長に対して太政大臣の位を与えようとした。ところが、信長は、朝廷からの申し出を断り、使者を追い返した。朝廷の権威に頼らず、武力で天下統一を目指す信長にとって、次なる平定は中国四国地方だった。

織田家臣団の中で競い合ってきたライバル同士の光秀、秀吉だった。これまでは中国地方は秀吉、四国地方は光秀となっていたが、秀吉はそのままで、信長は光秀の任を解いたのである。代わりに、織田信孝を総大将に丹羽長秀が従うという陣容に変わったのだ。ここからも、光秀の心に疑心暗鬼の一瞬が増えていったはずである。

俺のボヤキ⑭

信長さんの心、少し壊れ出してない？

光秀の〝疑心暗鬼〟、

信長さんの心の変化にも原因ない？

本質を知る、原理原則で考える

第3章を終えるにあたり、私の著書で幾度か触れている「本質を知る、原理原則で考える」という話をしたい。疑心暗鬼が生まれ始めている明智光秀のために語りたい。疑心暗鬼という邪悪な気持ちに打ち勝つには、「本質と原理原則」に立ち返ることが重要だと思うのだ。

ただし、《野村－野球＝〇《ゼロ》》の私にとって、つねに「野球」を事例にしなくては語れないので、光秀にどう理解されるかが心配である。

さっそく始めるが、「野球とは、『間』のスポーツだ」と、私は思っている。ピッチャーが一球一球投げる際に「間」が生まれる。この「間」は何のためにあるのか、考えた人はいるだろうか。多くの方は当たり前過ぎて、見過ごしているはずだ。

しかし、そこに野球の本質がある。たとえば、ピッチャーが投げて、キャッチャーがミットで捕らえるまで一秒しかかからない。これが一五〇キロの豪速球だと〇・四一秒と言われている。一秒もかからないのである。

バッターは速球だ、変化球だと一秒もかからない球を見極めて判断しなくてはならない。しかし、これだけ短い時間だと対応するのは決して楽ではない。だから、しっかり準備する必要がある。野球の「間」とは準備をする時間、考える時間なのである。

野球の本質は、「準備」にある。

このことを知ると、ベンチは攻撃の際に休憩する場所ではなくなる。準備をする場所になるのだ。ピッチャーならば、味方の攻撃中はベンチで、次はあのバッターで始まるとなると、相手ピッチャーはどう攻めるだろうかを考える。

バッターならば、相手ピッチャーが初球はどのボールを投げることが多いのか、どのカウントでどのボールを投げるのかよく観察し、「間」を使って準備を重ねることで結果を出せるようにする。このプロセスが重要であり、これが結果を残すことができる選手の姿勢である。

少し視点を変えて話を続ける。

ピッチャーはなぜ変化球を投げるのか。さて、光秀はどう考えるだろうか。答えはすごく単純明快で、「真っ直ぐを生かすために変化球を投げる」ということになる。このようにシンプルなことは見逃されがちだが、見逃さずに問題として捉えて考えることが重要なのである。つまり、原理原則を知るということになる。「真っ直ぐを生かすための変化球」が原則ならば、バッターはボールの遅いピッチャーの場合、変化球をマークしてストレートを狙うべきだということになる。逆にボールの速いピッチャーならストレートをマークし、変化球を叩くことがよいということになる。

それを踏まえて、どう打つか、どう打ち取るかを考えていくと、野球への理解が深まるのである。

本質、理屈を考え、原理原則を知ることで、より深い思考ができるようになる。深い思考ができるようになることで、勝利は確実になっていくのである。

キャッチャーはバッターよりも一球一球の間を大切にしなくてはならない。「野球はピッチャーが投げてから始まる」とよく言うが、本当にそうだろうかと疑ったことはないか。私は、それは間違いだと思っている。「野球はキャッチャーのサインをきっかけに、ピッチャーがボールを投げてプレーが始まる」と思っている。キャッチャーは野球というドラマをつくる脚本家と同じなのである。

こうして、「本質」「原理原則」を見つけることができれば、進むべき道が見えてくるはずだ。案外、この「本質」を考える作業をしていない方は多いのではないか。どんな仕事、職業、役割にも、「本質」というものは存在する。

しかし、「本質」は決して「答え」ではない。「答え」を導くきっかけになる「出発点」だと思ってほしい。

第4章

「敵は我にあり」

敵は本能寺ではなかった！

虚しき謀反の朝

天正十（一五八二）年六月二日、午前八時頃、明智光秀は焼け落ちた本能寺近くにたたずんでいた。本能寺の鬼瓦も焼け落ちて黒く変色している。

この日、午前四時頃に本能寺を囲み、そして攻撃に移った。戦いらしい戦いはほとんどなく、光秀軍一万三千に何重にも囲まれた本能寺はやがて出火し、燃えつきた。午前八時には囲みを解いた。

織田信忠は妙覚寺に寄宿していたが、本能寺の父を救おうと手勢五百を引き連れて向かったものの、光秀軍の大軍によって近づくことができず二条御所に入った。ここもまた、光秀軍に攻め込まれ、信忠もまた自害した。

光秀は謀反がひとまず成功したものの、湧き上がる喜びはわずかだった。ただ、信長の重圧から解放された気持ちが胸いっぱいに広がっていた。それは、忘れかけていた若き日の気概だった。四十一歳で信長の家臣になる以前の、貧しかったが胸に野望を秘めて生きぬこうとしていた二十代、三十代の頃の気概を思い出し

本能寺の位置

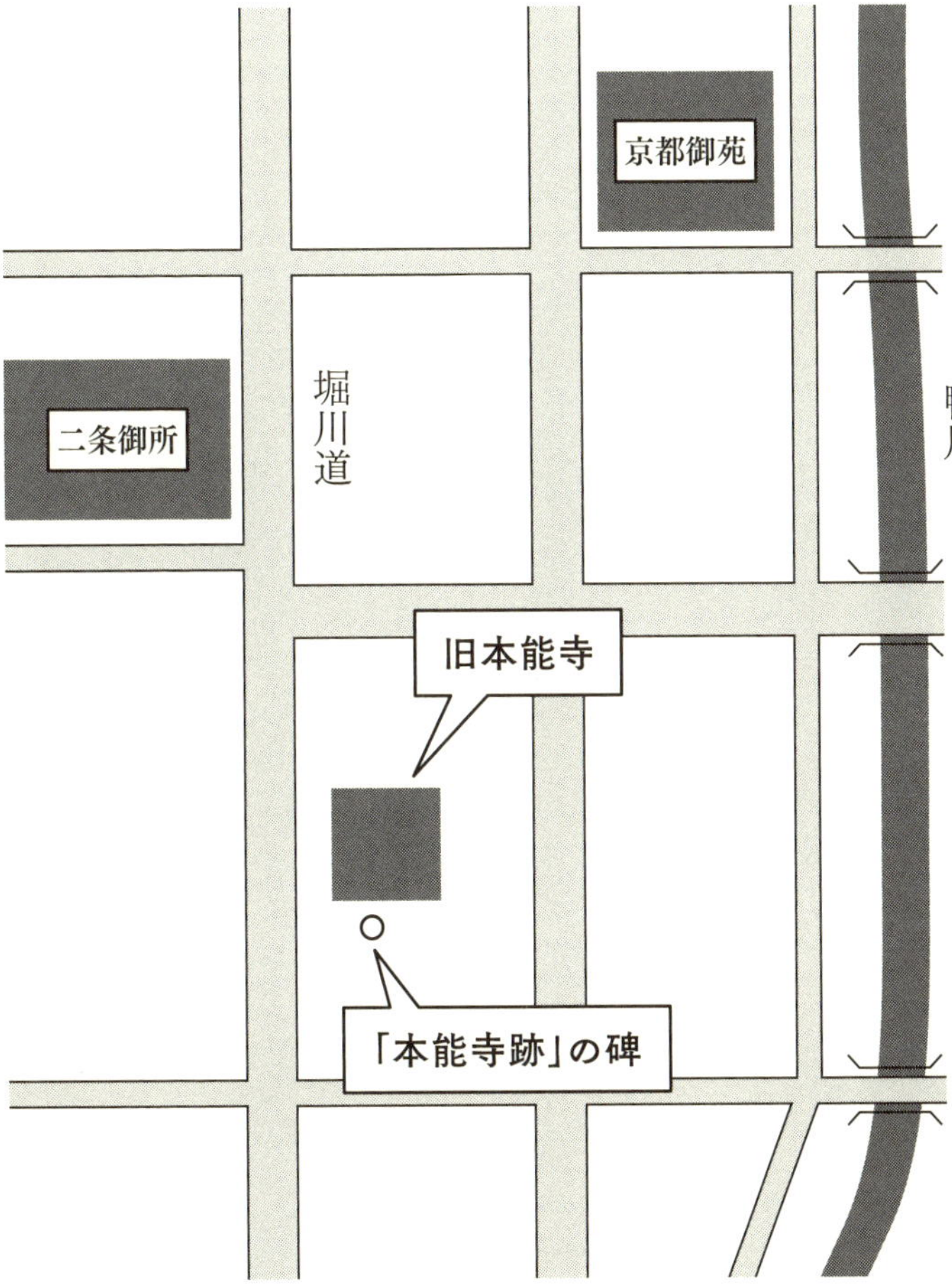

たのである。

これは、私なりに考えた「本能寺の変」直後の光秀の心情である。

と書いて、平成八年のNHK大河ドラマ「秀吉」のシーンが目に浮かんだ。主役の秀吉役は竹中直人で、信長役は渡哲也、光秀役は村上弘明だった。第三十一話がまさに本能寺の焼け跡にたたずむ光秀に対して、堺からやってきた千利休（仲代達矢）がその焼け跡の火をもらい、光秀のために一服の茶を立てるというシーンであった。

こうした史実はないのだろうが、当時は違和感なく見た記憶がある。これは脚本家の竹山洋が考えた光秀へのなぐさめだったのかもしれない。

光秀に対しての私の思いは一貫して、「早まるな」という気持ちである。前章の最後に書いたが、「迷ったら物事の本質を見極めよ」というのも、「早まるな」という気持ちから書いたのである。

光秀よ、たとえ信長との思いに齟齬があったとしても、「信長が掲げる天下布武による新しい世の中は、光秀にとって生きにくい世の中になるのか」という本質を再度、確かめてほしかった。

また、光秀ほどの武将ならば、感覚を鋭敏にして「感じる力」を強く持っていたと思われる。そうでなければ、転戦、転戦の指示を信長から受けながらも、丹波攻めを成し遂げることはできなかったはずである。現在でも語り継がれている丹波での領国経営も、感じる力を強く持っていたからこそだろう。

そうであるならば、信長の小さな変化にも気づくことができたはずだ。もう一度、信長と向き合い、その変化があるのかないのかを、確かめてから決断しても遅くはなかったと思う。

私には、信長の心の奥底では、以前と変わらぬ光秀への信頼があったのではと思える。四国討伐の総大将の任を解いたのも、光秀にはもう少し大きな仕事をしてほしかったからではないかと思うのだ。

光秀を秀吉が総大将の毛利攻めに向かわせたのも、中国地方の先の九州攻めを見据えてのことだと思われる。信長は九州征伐を秀吉一人に任せるつもりはなかった。秀吉の時代になり、九州出兵の進路を見ると、秀吉は肥後方面軍を、豊臣秀長は日向方面軍をそれぞれ率いて二方向から進軍している。毛利攻めの後の九州征伐について、秀吉は二方向からの進軍を信長から聞いていたのではないだろうか。

信長は、光秀には九州征伐の際に、一方の総大将を任せる気持ちでいたと思っている。だからこその、天正三（一五七五）年の日向守の任官と「惟任《これとう》」姓の賜姓ではなかったか。

「光秀よ、いまさら後悔しても遅いぞ」

賽は投げられてしまった。「残念ながら、光秀よ、お主は滅びよ」としか言えない。

俺のボヤキ⑮

光秀ほどの知性のある人間が、なぜ。
とても残念だ。謀反人は天下人にはなれぬ。
そのことを知っていたはずだ。

安土城での家康の饗応役

天正十（一五八二）年五月十四日、信長は光秀の軍務を解いて、いったんは休暇とせよという意味合いの「在荘」を命じたが、すぐに「在荘」を撤回し、新たな指示を出した。それは翌十五日から安土を訪れる徳川家康一行の饗応役を務めるようにというものであった。

そこで、光秀は京や堺から数多くの食材を取り揃え、十五日から三日間、武田氏との戦いで功労のあった家康一行を心からもてなそうと思った。こうしたおもてなしに関しては、織田家重臣の中でそつなくこなせるのは光秀しかいなかった。

ここで、饗応役の解任について、昔から語られている逸話がある。その逸話の出処は『川角太閤記』であるが、光秀が家康の饗応役を命じられるが、その手際の悪さから突然解任されたというのである。

しかし、饗応役を言われたのが十四日で、家康が安土に到着したのが十五日と翌日である。それで手際が悪いというのも変な話ではないか。一日で完璧に準備するのは難しいだろう。先ほどの『川角太閤記』には、信長が検分のために光秀邸を訪れると、魚肉の腐った臭いが鼻を突いたので怒ってそのまま台所に向かい、これでは家康の饗応役は務まらないと突然、解任したというのである。

ちなみに、この腐った臭いは、琵琶湖名物の鮒ずしと言われているが、信長が

餉ずしを知らぬわけがない。また、『信長公記（信長記）』によると、家康一行は光秀邸を宿舎としたのではなく、大宝坊という別の屋敷となっている。この逸話にはどうも信憑性がないと思われる。

この饗応役の突然の解任に加えて、三月三日の岐阜での節句に大名高家の前で恥をかかされたこと、諏訪で行われた武田家滅亡の祝いの宴会の席で折檻されたこと、この三つの遺恨が「本能寺の変」を起こしたと言われ続けてきた。しかし、この見解は少しばかり唐突であり、現在ではあまり支持されていない。

天正十年五月十七日に、家康饗応役の光秀が任務を解かれ、秀吉の毛利攻めの支援を命ぜられたのは事実であった。この日、備中高松城攻略中の秀吉から早馬が届いたのである。備中高松城の攻略とは、有名な水攻めである。高松城の周囲を湖のように水で埋めた兵糧攻めを行ったのだ。

早馬の内容は、毛利輝元、小早川隆景、吉川元春の後詰が高松城に現れたため、援軍を要請する旨の手紙であった。信長は、この手紙の内容をひどく喜び、「これは天が与えた好機」と捉えて、自ら出陣し中国の毛利を討ち果たそうと考えた。そして、その勢いで九州まで一気に平定しようと考えたというのである。

いささかこの点については事実かと疑いたくなるが、信長は光秀に、その与力衆である細川藤孝、池田恒興、高山右近、中川清秀らに援軍の先陣を務めさせるように命じた。まさに、信長の親衛隊である。

『川角太閤記』では、秀吉への援軍ではなく、毛利領国である伯耆・出雲に乱入して後方を撹乱することを信長は考えていたと書かれている。ともかく光秀は急きょ十七日には坂本城に戻り、出陣の準備を始めたのである。

ここでも逸話が残っている。『明智軍記』には、信長の出陣命令を受けた光秀のもとに上使として家臣が訪れ、「(まだ毛利の所領である)出雲・石見の二カ国を与えるが、その代わりに丹波と近江の滋賀郡を召し上げる」と伝えたというのである。それを聞いた光秀主従が怒り落胆して、謀反を決断したというのである。

この逸話もまたにわかには信じられない。『明智軍記』は軍記物だが信憑性が薄いと言われていて、国替えについては史料的根拠も残っていない。また、所領の領地替えはよくあったことである。理不尽な行為とは言えない。
このように、家康饗応役の解任が「本能寺の変」への導火線の一つと言われてきたが、とくにそのようには感じないのである。

俺のボヤキ⑯

毛利輝元らが
備中高松城の後詰で現れた。
信長の後方撹乱戦略だが、
なかなかよい戦略だと思うね。

本能寺の変

家康一行の饗応役を解かれて十日後の天正十（一五八二）年五月二十七日には、光秀は中国地方への出陣準備をほぼ終えていた。「本能寺の変」の四日前にあたる二十七日、光秀は居城の坂本城を出て、先勝祈願という名目で京都は愛宕神社に詣でた。

これは有名な話だが、光秀は神前で籤《くじ》を引いた。二度、三度と繰り返し、籤を引いたと言われている。籤を引くたびに出てくるのは大凶ばかりだった。この日は愛宕山に宿泊した。

「本能寺の変」の三日前にあたる五月二十八日だが、光秀は愛宕山の威徳院西坊で行われた連歌会「愛宕百韻」に主賓として参加した。集うのは、光秀と親しい僧侶や公家の文化人たちであった。この席で光秀は、次のような句を詠んだ。

時は今　あめが下しる　五月哉

光秀は「時」を自身の出身の「土岐」にかけ、「あめが下しる」を、「天が下しる」として、「天下を治める」という意欲を語ったと言われている。しかし、この句の詠み方については、ほかにもさまざまな解釈があり、「天下を治める」気持ちを詠んだ句とは言い切れない。

「本能寺の変」の前日にあたる六月一日になると、近習ばかり百人ほどを引き連れて信長が本能寺に入った。その信長のもとにやってきた四十数名の公家衆や、さらに僧侶、地下らを招き、茶会を開催した。

その際に、信長は公家衆たちに、都で使っている暦の変更を求めた。これは京都と地方で異なっていたこの年の閏月を「十二月閏の事」と求めたのである。これまで暦を決めるのは朝廷の専権事項だったが、あえて信長はその専権に異議を申し立てたのである。

この時期の信長は、意識的に朝廷の意向を無視するようになった。天正九（一五八一）年二月の馬揃えは正親町天皇の皇位簒奪への圧力だったと言われてい

る。さらに、信長に太政大臣でも、征夷大将軍でも好きな官位を与えるという朝廷からの意向があったが、信長はどちらも断っていた。

天下統一の過程では、朝廷に対してはバランスをとりながら従順に対応をしてきた。旧勢力について、戦う勢力と協力する勢力に分けて対応してきたのである。しかし、天下統一を目前とするこの時期になると、これまでの勢力との関係が明らかに変わってきた。

旧勢力との妥協が必要なくなったのである。信長は天下布武のもと新しい世の中をつくり出すことを目的にしてきた。その天下統一があと少しで実現しそうになってきたことで、朝廷に代わり、信長がこの国の権威になることを示唆する行動、発言が増えてきたのである。

そうなると己の考えが否定されているようで、光秀としては安穏と過ごしてはいられなかった。ここに来て、光秀と信長において時代感覚の違い、価値観の違いが露わになってきた。この点、秀吉と信長にはこうした違いは生まれなかった。秀吉は信長を師のように尊敬していた。

六月一日、丹波亀山城で出陣のときを待ちながら、光秀は大きな決断を迫られていた。信長に仕えて十四年、光秀は考えに考えていた。光秀は信長との価値観の違いに悩み、加えてほかの部将以上に光秀は己の領地に大変な愛着を感じていた。また、そう思えるだけの治世を行ってきた。光秀にとっては、領民のためによりよい世の中になることが願いだった。室町時代の、中世的な考え方にある程度、共有するところもあった。

ところが、信長はそうではなかった。自らが率先して新しい時代を切り開こうとした。そのため、光秀も、秀吉も、柴田勝家、丹羽長秀もそのための道具に過ぎなかった。信長からすると、光秀の領地替えなどとくに気にかけるような問題ではないと考えていた。

この日の午後五時、光秀軍一万三千の出陣の用意ができたとの知らせを受けた。午後八時頃、信頼できる重臣を集め軍議を開いた。ここで初めて、信長を討つという光秀の考えを漏らした。家臣たちは、大きな衝撃を受ける。しかし、誰もが光秀の命に従い、己の命を光秀に捧げる覚悟であると伝える。秘密厳守を誓い合い軍議を終えた。

午後九時、全軍、進軍を開始した。このとき軍勢は秀吉の援軍として中国地方、備中に向かうものと思っていた。亀山城から十キロ先にある沓掛を目指した。ここを下ると、秀吉が待つ中国地方へ。東の道をそのまま進むと本能寺がある京都に。沓掛はその分かれ道だったのである。

六月二日午前〇時、光秀は全軍に休息をとるよう命じた。そして、東の道を行くよう命じたのだ。重臣たちには、「敵は本能寺にあり」と告げた。午前四時、京の町に入った光秀軍は本能寺を取り囲む。

ここで、『その時歴史が動いた 敵は本能寺にあり〜なぜ光秀は主君・信長を裏切ったのか〜』（NHK・二〇〇〇年放映）でも触れられた「本城惣右衛門覚書」の文書から本能寺の変を描くことにする。この史料は、奈良天理大学附属天理図書館に眠っていたとされる史料で、本能寺の変に加わった光秀方の武士の記録である。

惣右衛門は光秀軍で先陣を切り、境内に入った。すると、境内は異様な静けさで鼠一匹見当たらない様子だった。本能寺の本殿広間に入ったが人の姿が見えない。部屋にはただ蚊帳が吊ってあるばかりというのである。

やがて惣右衛門は一人の女性を捕らえた。すると、その女性は「上様は白い着物をお召しになっています」と答えたが、惣右衛門には「上様」とは誰のことかわからなかった。信長とは知らされてなかったのである。光秀軍たちの兵士は誰と戦うのか知らされず、境内に入っていたのだ。光秀はごくごく一部の重臣を除き、信長襲撃のことを知らせていなかった。

やがて奥の間より武士が一人、寝間着姿で現れた。光秀方の武士たちは容赦なく後ろから切りつけた。しかし、光秀から全軍への指示で取った首はすべて打ち捨てるようにという指令が出ていた。

光秀軍の兵士たちは、誰が敵かもわからぬままで、ただひたすら本能寺内を徘徊した。時代劇、大河ドラマにあったように、信長が率先して弓を引き、槍で兵を倒すということはまったくなかったようだ。やがて本能寺に火が放たれた。火を放ったのは信長方の近習たちである。信長の首を光秀に渡したくなかったからだ。炎は次第に大きくなり、本能寺を包み、信長は燃え盛る炎の中で命を落とした。

光秀としては信長の首を得て、それを晒して、信長が目指した政権をはっきりと否定することが重要だった。信長の天下布武に対して、光秀は命がけでブレーキになったのである。

しかし、信長の首は見つからなかった。

俺のボヤキ⑰

謀反は成功したわけだが、

新しい権力者の誕生としては成功していないかな。

しかし、信長の首はどうして見つからないの?

六月二日から十二日までの、光秀の十一日間

天正十（一五八二）年六月二日、本能寺の変の後、光秀は京都における信長残党の探索を徹底化した。その上で、京都の抑えとして、勝龍寺城に家老の溝尾庄兵衛を置いた。光秀は自軍を引き連れ、近江の大津を経由して瀬田に向かった。

光秀の予定としては、この日のうちに信長の居城・安土城に入りたかった。信長の権力の象徴である安土城において、信長の後継者としての自分を内外にアピールしたかったのだ。加えて、信長の軍資金を押さえたかった。

しかし、瀬田橋を守る山岡景隆は光秀を嫌い、橋を切り落とし、甲賀郡へ逃げてしまった。瀬田橋がないと、一万余の軍勢で安土城に入ることはできない。そのため、この日は坂本城に入り、瀬田橋の復旧のため二日、三日、四日と三日間を要している。

光秀は己の運のなさを悔やんだ。それは坂本城に入るのと、安土城に入るのとでは世間に与えるインパクトが全然違うからである。安土城に入ることで、信長の後継者としての印象がより鮮明になるはずだった。

とはいえ、いまさら悔やんでもしかたがないため気持ちを切り替えて、光秀は手紙戦略を積極的に展開した。手紙を渡す相手は、一つは信長の家臣だった部将たち。次に、信長を敵として戦っていた戦国大名たちである。信長と戦っていた戦国大名からすると、光秀は大歓迎の武将という存在である。毛利輝元、小早川隆景、上杉景勝、北条氏政などである。

と同時に、光秀は兵を出して近江のかなりの部分を平定してしまった。そして、瀬田橋の修理を終えて、六月五日に安土城に入った。安土城の留守居役である蒲生賢秀のはからいで、信長の側室やその子どもたちは蒲生氏の居城である日野城に避難していたので、光秀は安土城に戦なく楽々と入城できた。

六月七日は終日安土城にいた。朝廷の勅使として吉田兼見が来訪し、面会した。吉田兼見は、誠仁《さねひと》親王が京都経営を光秀に任せる旨を伝えている。誠仁親王のこの判断を光秀は大いに喜んだ。それは、このたびの信長・信忠父子の誅殺を朝廷から認められたことになるからである。

六月九日には上洛し、朝廷に銀子五百枚、五山や大徳寺に各百枚を贈っている。

朝廷工作は手堅く順調に進んでいたが、信長の部将たちへの工作は思うように進まず苦戦していた。

主に、光秀の与力だった部将たちである。丹後の細川藤孝、忠興父子、大和の筒井順慶たちが主だった部将だ。細川藤孝とは義昭の近臣時代からの古い付き合いだが、光秀の味方をしようとはせず、信長の死を知り髪を切り、その死を悼む行動に出た。これは、光秀にとっては想定外の行動だった。

そこで、九日には、細川藤孝の関心を引く内容の覚書を送っている。しかし、この覚書に対しても無視の構えだった。そして、六月十日頃になると、備中から秀吉が神がかり的な移動で姫路城に着き、京を窺っているとの情報が入り、光秀の表情はにわかに険しくなった。

振り返ると、光秀が六月五日〜八日まで四日間も安土城に留まっていたのが不思議である。安土城に留まることで、信長の後継者という認知を広めようとしたのだろうが、安土城から近畿在住の部将たちへの工作は、やはり遠過ぎた。

光秀の与力衆は結局、誰一人として光秀に靡《なび》かなかった。摂津の中川清秀、高山右近、池田恒興などである。彼らは、秀吉からの再三の誘いに乗った。秀吉は彼らへの手紙で「織田信長・信忠父子は難を逃れて無事で連絡を取り合っている。光秀の謀反に対してともに戦い、光秀を討とう」と呼びかけていた。

こうした嘘も繰り返して手紙で訴えると、部将のみならず人心が秀吉方に靡いてくるのであった。一方光秀は、本能寺の変後の貴重な十一日間に焦点の定まらぬ対応を繰り返していたのだ。

俺のボヤキ⑱

朝廷工作よりも、藤孝、順慶、右近、清秀、恒興らの部将工作だろ！

六月二日から十二日までの、秀吉の十一日間

歴史小説、あるいは通史解説書では、「備中高松城を囲んでいた秀吉陣営で、光秀から小早川隆景宛ての密書を携えた密使が取り押さえられた。その密書を読んでみると……」という文章が書かれている。

「秀吉って、運がいいんだ」と幼い頃、思ったものだが、それに近い事実はあったのかもしれない。また、信長の家臣である長谷川宗仁が秀吉に、本能寺の変報を伝えたとも言われている。

いずれにしろ、天正十（一五八二）年六月三日、午前〇時頃には、秀吉は信長・信忠父子が光秀の謀反で死んだことを知った。三日深夜から四日未明にかけて毛利方の安国寺恵瓊《えけい》を呼び出し、和睦交渉に入った。この和睦交渉だが、前々から交渉は重ねられていて、大枠ではほぼ合意を取りつけていたのである。だから、一晩でまとまったのだ。

そして六月四日、備中高松城主・清水宗治の切腹を確認。和睦の条件は、この

清水の切腹と備中、美作、伯耆の三国の割譲だった。この内容をしたためた和睦の誓紙を取り交わした。

六月六日になると、吉川元春、小早川隆景の軍勢が引き払ったのを見届け、午後二時頃、秀吉軍も高松から撤退した。六日にもなると、さすがに毛利陣営も本能寺の変の事実を知るようになり、撤兵の際には少しもめたのかもしれない。吉川元春などは、「今からでも遅くない。秀吉軍に攻めかかろう。その勢いで京にのぼろう」と息巻いたはずである。

しかし、小早川隆景は「とはいえ、誓紙を取り交わしたのも事実。その誓紙をすぐに破り捨て、攻めかかるというのは毛利の信用を貶めることになる」と反対したという。隆景は続けて、「まずは、羽柴に恩を売ることにしよう」と言ったはずである。

秀吉軍はこのあと六日から八日にかけて寝ることも忘れ、雨の中、走りに走り五十五キロを完走したのである。武器、食料等は、船で輸送したようだ。そして、早い兵士は七日には姫路城に到着した。姫路城の金蔵、米蔵を開け放ち、家臣たちに分け与えた話は有名である。

八日は姫路城にて休息し、光秀との戦いのための準備をしていた。

秀吉の行動は早く、そつがない。六月九日、夜、兵庫に到着。十一日、午前八時頃、尼崎に到着。到着するたびに、秀吉軍からは多くの密使が走り、清秀、右近、恒興など摂津衆をはじめ、畿内の武将たちに秀吉が刻々と京に近づいていることを知らせていた。

そして、山崎の戦いがあった六月十三日の前日、十二日には摂津国富田で織田信孝、丹羽長秀と面会し、秀吉軍の陣容が固まったのである。光秀打倒に燃える秀吉、その秀吉に付き従う家臣、与力たちは魂の塊となって押し寄せてきたのである。

その塊の中心には、多くの人間を引きつけてやまぬ秀吉の大きな器量があったに違いない。

俺のボヤキ⑲

秀吉は短期決戦のノウハウ、持ってるね。秀吉が監督なら、日本シリーズはいつも勝つな。

心ならずも、山崎の戦い

西国から駆けつけてくる秀吉を迎え撃つのは、京都と大阪の中間点になる山崎あたりが最適と、光秀は判断した。この山崎の一帯は、天王山と淀川に挟まれた隘路で防戦しやすい地形だった。この判断には、京都において朝廷・天皇を自分の手の中に握っていたいという思いがあったからである。

山崎で戦う両者の軍勢だが、光秀軍一万三千のうち、安土城、坂本城、長浜城、亀山城にそれぞれ兵を残す必要があったので、この戦いでは一万ほどであったと思われる。

一方、秀吉軍は、本隊が約二万。それに織田信孝四千、丹羽長秀三千が加わり、二万七千。さらに、摂津衆の池田恒興五千、中川清秀二千五百、高山右近二千が加わり、三万六千五百に膨れ上がった。

六月十三日、いよいよ山崎の戦いである。その前日から山崎周辺で、両軍の先鋒が小競り合いを繰り返していた。

秀吉軍の先鋒は、池田恒興、高山右近、中川清秀といった摂津衆の面々。本来ならば、光秀軍の先鋒となっているはずだったが、それが逆になり、秀吉軍先鋒として、光秀軍に戦いを挑むことになった。

光秀は下鳥羽から御坊塚に本陣を移し、天王山麓を進んでくる秀吉軍に備え、円明寺川（現在は、小泉川）の低湿地に布陣した。戦局だが、摂津衆を味方につ

山崎の戦い・布陣図

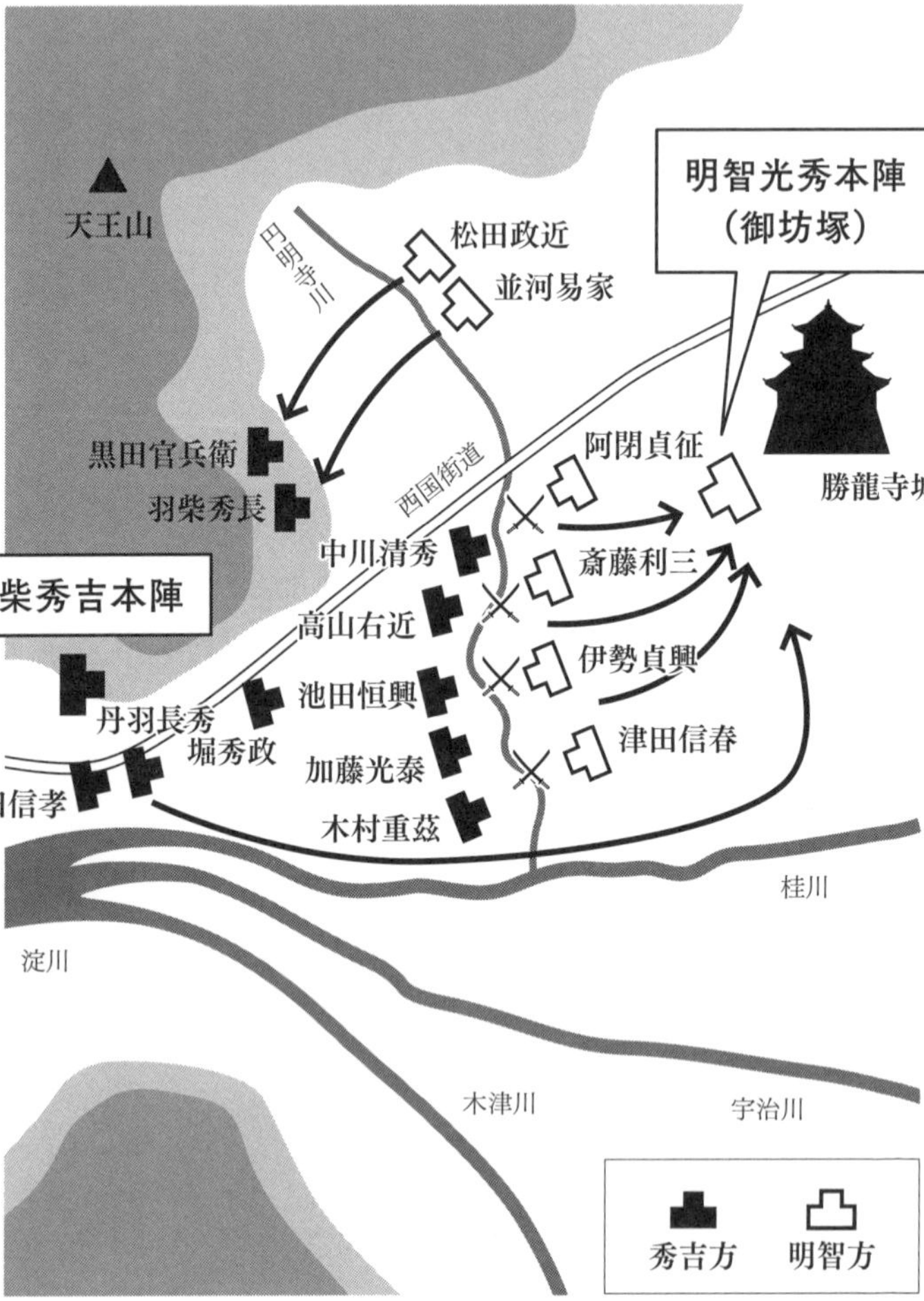
明智光秀本陣
（御坊塚）
天王山
円明寺川
松田政近
並河易家
西国街道
阿閉貞征
勝龍寺城
黒田官兵衛
羽柴秀長
中川清秀
斎藤利三
羽柴秀吉本陣
高山右近
伊勢貞興
池田恒興
丹羽長秀
堀秀政
津田信春
加藤光泰
織田信孝
木村重茲
桂川
淀川
木津川
宇治川
秀吉方
明智方

けた秀吉が圧倒的に有利になっていた。光秀は朝廷工作に時間を費やし、摂津衆を味方にできなかった。本能寺の変後、光秀が優先順位を見誤った結果である。

戦闘は午後四時過ぎから始まった。光秀軍の最前線の一つ、天王山東麓に布陣した並河易家、松田政近隊が、中川清秀、黒田官兵衛ら秀吉軍の先鋒に攻撃を仕掛けた。この攻撃が合図となり、本格的な戦闘となる。

戦いが始まり少しして、戦いの帰趨は決した。光秀軍にとって一番頼りにしていた斎藤利三隊が秀吉軍の池田恒興隊、加藤光泰隊らに包囲されて、孤立状態に。そして、その乱戦の中、斎藤隊は敗れ、崩れ始めたのである。

このままでは御坊塚に留まれないと見た光秀は、本陣を後方の勝龍寺城に移した。しかし、勝龍寺城は規模も大きくなく、平城だったので、光秀は籠城できないと判断した。そこで日が落ち、暗くなるのを待って、城から脱出をはかったのである。

俺のボヤキ⑳

よく勝負の世界で、
「天王山」という言葉を使うね。
山崎の戦いから来てるんだ。
しかし、あっけない戦いだね。

そして、死

「南海ホークス」からプロ野球人生が始まった私にとって、豊臣秀吉には愛着を感じる。秀吉は、大阪のシンボルだと思っている。

「中国大返し」のところで、秀吉が畿内の部将に多くの密書を送りつけていたことを知った。光秀に誅殺された信長・信忠父子がまだ生きているかのような密書を書くあたり、秀吉もまた言葉を武器にして戦っていたのだと知って嬉しかった。

私もまた現役時代の頃は言葉を武器にした。私の場合は、「囁き戦術」。南海ホークスにはろくなピッチャーがいなかったので、技術でかなわないときには口を武器にしたのである。そのために、必要なのは情報である。銀座や大阪の北新地で遊ぶときにはただ遊ばない。パ・リーグのバッターとお店の女の子の話を徹底取材して帰ることにしている。

そして、バッターボックスに入ったときに、そのバッターにお店のママさんから聞いた話を披露するのだ。「お前、ハナコちゃんがよろしく言うてたぞ」とか。

すると、間違いなくそのバッターは動揺する。突然、後ろからプライベート情報を、しかも真剣勝負のときに話すのである。バッターは相当にビビる。

バッターによっては、こんな一言だけで充分な場合がある。「最近、銀座、行ってるのかー」。なんとなくそう話しかける。すると、そのバッターの頭の中は、銀座のお店のイメージがパーッと広がり、一瞬、隙が生まれるのである。その隙に、直球をズバッと投げ込むとまず見逃しストライクとなる。こうした隙をつくるのも、キャッチャーの仕事なのだ。


まさに、私ならではの、二流の戦術である。私の生い立ちについては、本書のはじめで話したが、私は幼い頃から貧乏弱者で貧乏性、そして苦労性である。私は弱者の流儀で生きてきた。

秀吉もまた天正十三（一五八五）年の「関白就任」のあたりまでは、剽軽で「尾張中村の百姓の出」と笑いながら話す弱者の発想でのし上がってきた。しかし、次第に傲慢な権力者に変容していく。

光秀は二十代、三十代の苦労から弱者の生き方を学んだはずだが、変わり出すのは丹後攻めが成功し始める頃からだ。弱者の苦労人から時代遅れの武将へと変容していった。本能寺の変後、すでに滅び去った室町時代の守護大名家をわざわざ復活させたりしている。これでは弱者の発想とは言えない。

「なぜ、信長を裏切ったのか、謀反を起こしたのか」と聞かれても、私にはわからない。ただ、天正十（一五八二）年六月二日未明の「本能寺の変」において、光秀の胸のうちに詰まっていた思いの一端は見えた。

しかし、本能寺の変から十一日後、山崎の戦いで、光秀は秀吉にあっけなく敗れる。

六月十三日、光秀は落命した。

時代は、光秀の死を悲しまなかった。

時代は、秀吉の天下統一に向けて大きく動き出した。

たとえそれが、「夢のまた夢」で終わる時代になるにしても。

参考文献

小和田哲男著　『明智光秀と本能寺の変』　ＰＨＰ研究所　二〇一四年十一月刊
『歴史ＲＥＡＬ 明智光秀』　洋泉社　二〇一九年二月刊
福島克彦著　『明智光秀と近江・丹波』　サンライズ出版　二〇一九年六月刊
小和田哲男著　『明智光秀・秀満』　ミネルヴァ書房　二〇一九年六月刊
渡邊大門著　『明智光秀と本能寺の変』　筑摩書房　二〇一九年八月刊
『その時歴史が動いた 敵は本能寺にあり～なぜ光秀は主君・信長を裏切ったのか～』（ＮＨＫ・二〇〇〇年放送）
高柳光寿著　『明智光秀』　吉川弘文館　一九八六年一月刊
野村克也著　『弱者の流儀』　ポプラ社　二〇一七年六月刊
野村克也著　『野村メモ』　日本実業出版社　二〇一八年十二月刊
野村克也著　『超二流』　ポプラ社　二〇一九年八月刊

著者略歴

野村克也（のむら・かつや）

1935年京都府生まれ。京都府立峰山高校卒業。1954年、テスト生として南海ホークスに入団。3年目でレギュラーに定着すると、以降、球界を代表する捕手として活躍。1970年からは選手兼任監督となり、その後、選手としてロッテオリオンズ（現・千葉ロッテマリーンズ）、西武ライオンズに移籍。1980年に45歳で現役を引退。27年間の現役生活では、1965年に戦後初の三冠王になったのをはじめ、MVP5回、本塁打王9回、打点王7回、首位打者1回、ベストナイン19回、ダイヤモンドグラブ賞1回などのタイトルを多数獲得した。1990年にはヤクルトスワローズの監督に就任し、チームを4度のリーグ優勝、3度の日本一に導く。そのほか、阪神タイガース、東北楽天ゴールデンイーグルスで監督を歴任。楽天ではチームを初のクライマックスシリーズ出場に導く。主な著書に、『弱者の流儀』（ポプラ社）他多数。

野村克也、明智光秀を語る

2019年12月24日　第1刷発行
2020年 7 月15日　第3刷発行

著者 ――――― 野村克也
発行者 ―――― 長坂嘉昭
発行所 ―――― 株式会社プレジデント社
〒102-8641　東京都千代田区平河町2-16-1 平河町森タワー13階
https://www.president.jp　https://presidentstore.jp/
電話：編集（03）3237-3732　販売（03）3237-3731
編集協力 ――― 株式会社KDNスポーツジャパン
鮫島 敦　沖津彩乃（有限会社アトミック）
装丁 ――――― ナカミツデザイン
編集 ――――― 桂木栄一
制作 ――――― 関 結香
販売 ――――― 高橋 徹　川井田美景　森田 巌　末吉秀樹　神田泰宏　花坂 稔
印刷・製本 ―― 中央精版印刷株式会社

© 2019　Katsuya Nomura
ISBN978-4-8334-2355-7

Printed in Japan
落丁・乱丁本はおとりかえいたします。